AF451444

BIOGRAFÍA DEL EXCELENTÍSIMO E ILUSTRÍSIMO SEÑOR DON RAMÓN CASTILLA, LIBERTADOR DEL PERÚ, ESCRITA POR EL MÁS FIEL DE SUS ADORADORES

Manuel Atanasio Fuentes

Edición de
Marcel Velázquez Castro
Raúl Morales Herrera

2024

Biografía del excelentísimo e ilustrísimo señor Don Ramón Castilla, libertador del Perú, escrita por el más fiel de sus adoradores (1856)

© Manuel Atanasio Fuentes
© Marcel Velázquez Castro, editor
© Raúl Morales Herrera, editor
© Latinoamericana Editores
© Centro de Estudio Literarios Antonio Cornejo Polar - CELACP
Av. Benavides N.º 3074 - La Castellana - Lima 18
(51) (1) 4490331 | difusion@celacp.org

Diagramación: Fernanda Antúnez Cabrera

Primera edición: Junio 2024
ISBN: 978-612-48206-8-7
Hecho el Depósito Legal en la Biblioteca Nacional del Perú
N.º 2024-04993

PROYECTO GANADOR DE ESTÍMULOS
ECONÓMICOS PARA LA CULTURA 2023

BIOGRAFIA
del

de las

ESCRITA POR EL

LIBERTAD DE CULTOS
ESCLAVOS
SUFRAGIO
INDUSTRIA
DE IMPRENTA
CONTRIBUYENTES
DE UÑAS
MATADERO.
GAZ
DIQU
&c

Contenido

Biografía de Manuel Atanasio Fuentes

Raúl Morales Herrera

*Agudo, pequeño, noctívago, de una peligrosa
voracidad para con la sangre de las gentes [...]*
Luis Fabio Xammar, 1945

Parado sobre un banquillo, mira a la cámara con seriedad. Tiene los brazos extendidos y apunta con los índices al cielo. Sostiene, con el resto de la mano, los extremos de la gran capa negra que lleva puesta y que cae sobre su figura formando el efecto deseado: son las alas de un murciélago. Quien posa frente a la cámara es Manuel Atanasio Fuentes y se trata de la fotografía que inmortalizará la esencia de un personaje cuyo paso por el Perú decimonónico dejó una marca profunda debido a la calidad de su pluma, la excepcionalidad de su ingenio y el ímpetu de su carácter.

Manuel Atanasio Fuentes nació el 2 de mayo de 1820; es decir, crece junto con la república. Es hijo de Francisco Fuentes y Andrea Delgado. Su padre fue cirujano y había servido en la campaña de Bolívar, lo cual le brindó cierto prestigio. Manuel demuestra desde muy joven habilidad para los estudios, lo cual se traduce en una gran versatilidad: a lo largo de su vida, se dedicará a múltiples y variadas ocupaciones. Sin embargo, son dos las que estudia a nivel universitario: derecho y medicina. Relata en su autobiografía que, al graduarse de bachiller, su padre lo instó a seguir el camino de las leyes, pero él contestó que, habiéndolo complacido estudiando derecho, ahora quería dedicarse de lleno a la ciencia médica: «En mí no existió otro motivo que el haber visto que mi padre con pocos años de trabajo y de estudio se habia creado una honrosa situación» (Fuentes, 1863, p. 24).

Muere su padre en 1837, cuando Manuel tenía solo 17 años, pero a pesar del desamparo económico en que queda, con la pérdida de su progenitor obtiene el apoyo de dos importantes personajes, amigos de Francisco Fuentes: Andrés de Santa Cruz y Cayetano Heredia. Ellos se encargan de conseguirle una beca para que continúe sus estudios médicos en el Colegio de la Independencia. Durante 1839 tiene lugar un evento fundacional en la vida de Fuentes: en el agitado clima político, decide apoyar a uno de sus patrocinadores, el mariscal Santa Cruz, publicando el *Busca-Pique*, un panfleto en el que ataca a Agustín Gamarra y que pasa desapercibido entre la extensa oferta de periodismo político de la época. El propio Fuentes lo califica, en retrospectiva, como «un periodiquillo de mala muerte, que se pregonaba por las calles y se vendia á medio» (1863, p. 28).

Gamarra triunfará y Fuentes, convencido por un amigo de Santa Cruz, se autoexilia por temor a represalias. Pronto se dará cuenta de que su comportamiento es exagerado y que nadie lo persigue ni pretende ajusticiarlo. A su regreso, acude tembloroso ante la presencia del general Gamarra, quien lo reconoce como hijo de Francisco Fuentes, amigo suyo, y lo trata con cariño: «Nunca he tenido mayor rabia; el Presidente me trató como á un muchacho y me mandó á la escuela; ¡á mí! que creia que me iba á mandar ahorcar!» (Fuentes, 1863, p. 32).

A su regreso del exilio, Manuel Atanasio pasa brevemente por las filas del ejército, comandado por Domingo Elías, y posteriormente se dedica al ejercicio del derecho. En 1843 retorna su vocación por la medicina, ahora de manera impostergable, por lo que retoma sus estudios. Esto conduce a un punto de inflexión en su vida, pues en el Colegio de la Independencia se toma la decisión de renovar el laboratorio con equipamiento moderno y Cayetano Heredia le confía la misión de ir a París a comprarlo. El viaje de Fuentes en 1845 coincide con una época de auge de la prensa y de la cultura tipográfica en la capital francesa, lo que viene acompañado del crecimiento de un público heterogéneo que consume literatura y noticias en medios periodísticos. La influencia de este escenario se verá reflejada en la abundante producción periodística y literaria que asume Fuentes en los siguientes años.

Cuando regresa de Francia al año siguiente, se desempeña como juez de Primera Instancia en Huánuco, donde vive algún tiempo y tiene dos hijos. En su autobiografía, Fuentes recuerda con estima aquella tierra donde trabajó algunos años, pero no deja de mencionar con pesar la enemistad que formó con un abogado llamado Pedro Miraval, quien ejercía de juez de paz y a quien tuvo que suspender por una falsificación en un documento y posteriormente mandar a encarcelar «por insubordinado é insolente» (Fuentes, 1863, p. 44). Este personaje, una vez libre, iría a Lima para acusar a Fuentes de una serie de hechos que ponían en duda su honra y su nombre. Este se defenderá con éxito de esas y posteriores acusaciones, pero se lamenta de que se convirtieran en material para cada ocasión en que sus enemigos quisieran atacarlo.

Cansado de los vaivenes de este oficio, renuncia y regresa a Lima en 1850, involucrándose en el escenario político. Esta década será de suma importancia para su labor periodística, en donde expone toda la versatilidad de su carácter; este período coincide con una serie de eventos políticos agitados y convulsos. En 1851 tienen lugar las elecciones presidenciales en las que participan Manuel Ignacio de Vivanco y José Rufino Echenique; Fuentes toma partido por el primero y, ante la derrota, se retira a Chile. A su regreso, luego de la revolución liberal de 1854 y el ascenso al poder de Ramón Castilla, retoma uno de sus proyectos más memorables, depósito de toda su audacia y genialidad: *El Murciélago*.

Gargurevich (1999) señala que *El Murciélago* se edita en 1855, 1867-1868 y 1879. Arrambide (2016) señala que fue el periódico satírico más importante del siglo XIX y aclara, con precisión, que su primera edición se remonta en realidad a 1845 (una «previda», según Luis Fabio Xammar [1945]), continuando luego en 1855 en Lima, el mismo año más tarde en Arequipa, 1856 en Valparaíso, 1867-1868 de vuelta en Lima, así como en 1879 y, por última vez, en 1884 en Guayaquil, donde su autor se encontraba refugiado debido a la ocupación chilena en el contexto de la guerra del Pacífico. Una recopilación de artículos seleccionados por él mismo sería editada en 1866, bajo el título de *Aletazos del Murciélago*. Fue publicada en París, ciudad que Fuentes visitaba por segunda vez, ocasión en la que sería testigo de las reformas urbanísticas impulsadas por el barón Haussmann.

Pero volvamos al año 1855 para comprender la posición de Fuentes respecto al escenario político que se había formado: partidario de Vivanco, que fue derrotado en 1850, su pluma no estuvo activa durante los años del gobierno de Echenique (y se ocupa en aclarar, en su biografía, que, si bien tuvo trato con el presidente, no tenía ninguna simpatía particular por él). Poco tiempo después de que este fuera derrocado, no dudó en emprender una campaña feroz en contra de Ramón Castilla (que, eventualmente, le valdría el exilio). No se consideraba un partidario de Echenique y posteriormente no dudó en señalar los errores de su gobierno, pero tampoco se puso del lado del poder entrante. Tomó posición por una crítica racional (y a menudo muy práctica) a las autoridades que no ejercían sus funciones en beneficio del país. Por supuesto que un buen número de artículos tenían que ver con sus inclinaciones más personales y sus percepciones acerca del mundo; pero, al menos en el discurso, justificaba sus ataques satíricos como la defensa del buen uso de la razón. Cuando le llega una carta firmada anónimamente cuestionando su censura contra unos ministros y su indiferencia con otros igualmente criticables, el Murciélago no tarda en responder en su artículo titulado «Hablemos pues»: «Mis golpes no se han dirigido nunca a los ministros sino a los hechos ministeriales» (Fuentes, 1866, p. 242). En ese sentido, Fuentes juzga a los hombres a partir de su *praxis* y, además, declara que no se considera enemigo de los políticos, sino que lo mueve su «amistad» con la patria, «el suelo donde nacimos y en el cual, por desgracia, hemos visto nacer a nuestros hijos» (1866, p. 110).

En sus escritos de 1855, Fuentes caracteriza a la patria como un espacio profundamente problemático, un desastre que se manifiesta en el ámbito político y social como consecuencia de una relación causal entre estas dos realidades: los gobernantes son ejemplo de una conducta inmoral, reprobable, punible; ergo, la sociedad no podría ser de otra manera. La crítica del Murciélago contiene siempre una lógica satírica, burlesca, que de una u otra manera siempre llega a conclusiones serias acerca del Perú:

> ¿Por qué es inmoral el Perú? Porque nadie respeta, ni cumple, ni teme a la ley. ¿Y por qué no la respeta, ni la cumple, ni la teme? Porque ha oído en plena cámara decir a un diputado que el que hace la ley puede infringirla; y el pueblo juzga a su modo, y dice que supuesto que la hacen para él, declara que no le gusta y que también puede infringirla (…) (1866, p. 52).

Como jurista, por un lado, expresa una sincera preocupación por el cumplimiento de las leyes y las tiene en un lugar privilegiado: en múltiples ocasiones relaciona lo inmoral con la violación de la ley, incluso invocando a cumplirla aunque esta no sea ideal (1866, p. 52), pero sin dejar de juzgar los errores en la legislación del gobierno dictatorial. Por otro lado, influenciado por su viaje a París y expuesto a las ideas que circulaban en Europa, manifiesta constantemente el gran valor que le otorga a la razón y al conocimiento, en demérito del idealismo. Esto se hace patente en su reflexión acerca del patriotismo:

> (…) el patriotismo era reputado por una virtud entre los pueblos bárbaros e ignorantes que miraron al patriota en poco menos que a un Dios; levantándole estatuas, y consignando sus hechos en los libros históricos (…) Las luces del siglo, los adelantos de la civilización, los progresos del catolicismo, los nuevos principios filosóficos que se tomaron el imperio del mundo, vinieron a demostrar que era una torpeza de marca mayor sufrir molestias en favor de un ente que no es ni persona, ni cosa, ni acción, sino una idealidad que nadie ve, y que cada uno conoce o cree conocer a su modo (…) (1866, p. 198).

Nunca un anticlerical ni un anarquista, sí aparecen en su pensamiento ciertas ideas que algunos especialistas han identificado cercanas al liberalismo (Hampe Martínez, 2000, p. 76), por lo que puede ser complejo catalogarlo de un lado u otro del espectro político de la época. Sin embargo, Fuentes tiende a preferir el orden sobre la libertad, su idea de modernización implica también la preservación de ciertas estructuras sociales provenientes del pasado virreinal —una suerte de «modernización tradicionalista» (Trazegnies, 1980, pp. 43-44)—, por lo que se encuentra más cerca al conservadurismo. No está demás señalar que, además, encontraba especial regocijo en la crítica a los pensadores liberales.

En su artículo «El color político», de marzo de 1855, Fuentes representa un diálogo entre él y un amigo suyo, quien le pregunta qué plan se propone con su publicación, cuál es el color de su periódico. Nuestro escritor responde burlonamente que no tiene ningún color, que no pertenece a ningún partido, a diferencia de *La Voz del Pueblo*, diario auspiciado por el gobierno. Su no adhesión a ningún interés político viene de su preferencia por una prensa autónoma, libre, incensurable; su único color es el «color de la razón», le interesa el progreso de la sociedad, la razón y la justicia universal.

A lo largo de su paso por el periodismo político, el Murciélago cultiva una serie de enemistades que luego enumera en un capítulo de su autobiografía. Admite haber escrito contra Gamarra en 1839, aclarando que sus ataques siempre fueron de carácter político, nunca personales. En 1848 enfrentó al gremio de panaderos a raíz de un proyecto que, como él explica, atentaba contra el estómago de los pobres (y él se consideraba uno). El mismo año alza su pluma contra Pedro Miraval, difamador de su nombre. En 1850 escribe contra el entonces presidente Ramón Castilla y contra la candidatura de Echenique. En el período 1855-1856 escribió nuevamente contra Castilla (ahora presidente provisional) y sus ministros, así como contra un abanico de funcionarios y personajes públicos vinculados al gobierno, entre ellos el intendente de Policía D. Juan Bustamante, el español Sebastián Lorente, director de *La Voz del Pueblo*, diario oficialista (y por tanto, natural enemigo de *El Murciélago*) y Francisco Bilbao, pensador chileno exiliado por sus ideas anticlericales, un liberal de avanzada. En 1858 tiene lugar la publicación del *Villarancidio*, un libro muy particular que podría clasificarse como «crítica literaria», como él mismo lo dice. Se trata de una reproducción anotada de un poema ‚épico escrito por Manuel Vicente Villarán, dedicado a Ramón Castilla y a su triunfo en la batalla de La Palma. Posterior a esta publicación, Fuentes emprendió un ataque en 1860 contra Mariano Felipe Paz-Soldán. La lista, escrita por él mismo, finaliza con «la víctima de las víctimas: esa si es mi lejítima víctima y de ello estoy orgulloso. ¡Samper! La posta de mi gusto!» (1863, p. 147).

Es su enfrentamiento con Samper lo que motiva la creación de la autobiografía del Murciélago. En 1863 aparece *Un vampiro; especie de cuasi-poema lírico, prosaico y estrambótico* publicado por capítulos en *El Comercio*, texto al que Samper se refiere, en sus memorias, como el medio para exponer «la vida y fechorías del renombrado pasquinero Fuentes» (Samper, 2009, p. 589). La publicación de *Un vampiro...* fue para el colombiano una gesta heroica, producto de una urgente necesidad de poner en su sitio a Manuel Atanasio Fuentes: «En Lima no han olvidado que sólo yo tuve el valor de castigar con vara de hierro candente y látigo sangriento al peor enemigo que tenía la sociedad peruana» (Samper, 2009, p. 591). La autobiografía del Murciélago es una respuesta en forma de cartas publicadas en *El Mercurio* y dirigidas a Manuel Amunátegui, director de *El Comercio*, en las que Fuentes responde a las acusaciones que Samper —con el seudónimo «Un cachiporrero»— publicaba en este último diario.

Algunos enfrentamientos quedan fuera de la biografía de Fuentes, ya sea por considerarlos de menor importancia o por ser posteriores a su publicación. Este último es el caso del conflicto que tiene con el escritor Ramón Rojas y Cañas en 1867. En el mismo tono que el *Villarancidio*, escribe *Corona fúnebre del H. Sr. Justo Roman Váldez, autor del sublime poema* La Democracia. *Escrita por un pícaro murciélago políglota venido al mundo para martirio de sabios y de justos y mucho más de los justos sabios*, texto en el que Fuentes se burla de la poesía del mencionado Valdez. Ramón Rojas y Cañas sale en defensa de este personaje publicando *Serenata al Murciélago con motivo de su Corona Fúnebre. Spartite literario con acompañamiento de verdades, coro de razones y orquesta de argumentos innegables*, donde se propone defender al poeta de los agravios, aunque utiliza este medio para esgrimir una serie de ataques a Fuentes (Chávez, 2008, pp. 48-49). Queda también fuera de la lista de víctimas la enemistad que sostiene con José Gregorio Paz Soldán, inmortalizada en una anécdota que recupera Gargurevich (1999): «Fuentes mandó a confeccionar en Francia bacinicas de loza que tenían en el fondo un dibujo con el rostro de José Gregorio Paz Soldán; y las puso a la venta» (p. 72).

Siempre satírico y dispuesto a utilizar el humor como filosa arma, el Murciélago vivió listo para la crítica, el enfrentamiento, el bravío ataque y la tenaz defensa. Sus diversas estratagemas como la caricatura, la falsa modestia y la burla de sí mismo son a la vez herramientas para su discurso y expresiones de su personalidad. Además de sus artículos políticos y periodísticos, dejó para la posteridad versos, canciones y otras composiciones de carácter satírico, como «La Constitución del Murciélago de 1868», una parodia de la carta magna de 1867, de carácter liberal y de breve vigencia.

Las habilidades retóricas y lingüísticas de Fuentes le permitieron explorar también el terreno de la ficción literaria. Fue miembro, junto a Ricardo Palma, del grupo de redactores de *La Broma* (1877-1878), un periódico de corte humorístico. En uno de sus números figura *Lorenzita*, «el primer texto literario [en el Perú] que presenta los dilemas de un personaje homosexual en el centro de su trama» (Velázquez, 2013, p. 187). En este relato fundacional en el curso de la literatura peruana, el narrador presenta la vida de Lorenzo, un varón cuyo comportamiento y corporalidad corresponden a lo socialmente relacionado con la identidad femenina. Esta condición deviene en un final trágico. Además de este célebre texto, Manuel Atanasio Fuentes es autor de varios otros relatos y tradiciones que han sido generalmente pasados por alto en la historiografía de la literatura peruana.

Sumado al oficio satírico y literario de Fuentes, destacan entre su copiosa producción las obras que dedicó a la descripción sociohistórica y estadística de Lima. Tanto su *Estadística general de Lima* (1858) como su *Guía histórico-descriptiva, administrativa, judicial y de domicilio de Lima* (1860) —también conocida como *Guía del viajero*— constituyeron importantes documentos de consulta sobre la capital peruana, orientados tanto al público nacional como al extranjero; ambas serían publicadas algunos años después en Francia, y la segunda contaría con ediciones traducidas al francés y al inglés. En ambos textos se proyectan juicios y perspectivas de Fuentes sobre el orden social, por lo que contribuyeron a la formación de un imaginario sobre la ciudad. Además de estas obras que permiten, en la actualidad, un conocimiento sobre la vida cotidiana de Lima en el siglo XIX, Fuentes también fue autor de manuales en materia de derecho y medicina legal, entre otros temas de diversa índole.

Es importante señalar que Fuentes no solo fue un prolífico autor, sino que ocupó un rol fundamental en la historia de la edición en el Perú. En 1868 es nombrado administrador de la imprenta del Estado, desde donde ejerce una serie de esfuerzos por modernizar la labor editorial según la experiencia que había obtenido entre los circuitos de lo impreso en Francia. En este cargo, que sostiene hasta 1881, logra reposicionar *El Peruano* como el diario oficial de la nación, mientras que convierte a la imprenta en un espacio que permitía la producción y publicación de documentos oficiales y de interés público, a la vez que rentabilizaba las operaciones teniendo también participación en el mercado editorial, prestando sus servicios a privados (Arrambide, 2016, p. 163).

Por causa del avance chileno sobre territorio peruano, el Murciélago se retira a Guayaquil en 1882, en donde reside hasta 1885, época en la que no cesa de producir, pues vuelve a publicar una edición de su periódico homónimo. En 1886 regresa a Lima y es elegido fiscal de la Corte Suprema. Después de dos años de trabajo pasa al retiro y muere el 2 de enero de 1889, a los 69 años. A lo largo de su vida, Manuel Atanasio Fuentes consiguió ganarse un lugar entre la élite de la sociedad limeña: escribió sobre derecho, medicina, estadística, historia, cultivó tanto la ficción literaria como la sátira política, ocupó diversos cargos en la administración pública y se relacionó con influyentes políticos y pensadores. Polémico, incansable e ingenioso, su obra ha marcado para siempre la historia de las ideas en el Perú.

Referencias

Arrambide, Víctor (2016). *Prensa y empresa pública en el Perú: La reorganización de la Imprenta del Estado (1868-1871)* [Tesis de licenciatura]. Universidad Nacional Mayor de San Marcos.

Chávez Rodríguez, Juan Manuel (2008). *La idea de nación en* La Guerra del Pacífico *(Lima, 1880) de Ramón Rojas y Cañas* [Tesis de licenciatura]. Universidad Nacional Mayor de San Marcos.

Fuentes, Manuel Atanasio (1866). *Aletazos del Murciélago: Colección de artículos publicados en varios periódicos. Tomo primero (Segunda ed.)*. Lainé y Havard.

Fuentes, Manuel Atanasio (1863). *Biografía del [Murciélago] escrita por él mismo para proporcionar un momento de placer a su tocayo D. Manuel de Amunátegui, propietario del acreditado periódico EL COMERCIO*. Imprenta de «El Mercurio».

Fuentes, Manuel Atanasio (1858). *Villarancidio (con perdon del plagio) ó asesinato de un poema en once cantos mortales, que, con el titulo de* Victoria de La Palma, *escribio un fiscal de la Corte Superior; personage notable por un par de bigotes a la rusa: comételo un [Murciélago] admirador de cuanto escritor prosista ó versista ha venido al mundo con el talento de escribir para que no lo entiendan*. Tipografía Nacional de M. N. Corpancho.

Gargurevich, Juan (1999). Manuel Atanasio Fuentes: Un limeño del siglo XIX. *Letras (Lima), 70* (97-98), 61-80. https://doi.org/10.30920/letras.70.97-98.7

Hampe Martínez, Teodoro (2000). Lima y su entramado social en la *Guía del viajero* de Manuel Atanasio Fuentes (1860). *Fénix, (42)*, 64-80. https://doi.org/10.51433/fenix-bnp.2000.n42.p64-80.

Trazegnies Granda, Fernando de (1980). La transferencia de filosofías jurídicas: la idea de Derecho en el Perú republicano del s. XIX. *Derecho PUCP*, (34), 37-66. https://doi.org/10.18800/derechopucp.198001.002

Samper, José María (2009). *Historia de una alma. Memorias íntimas y de historia contemporánea*. Editorial Universidad del Rosario.

Velázquez Castro, Marcel (2013). *La mirada de los gallinazos. Cuerpo fiesta y mercancía en el imaginario sobre Lima (1640-1895)*. Fondo Editorial del Congreso del Perú.

Xammar, Luis Fabio (1945). «El Murciélago» en la Literatura Peruana. *Revista Iberoamericana, Vol. X* (19), pp. 83-98.

Un libelo complejo e ilustrado contra Ramón Castilla

Marcel Velázquez Castro
Raúl Morales Herrera

«¡Soldado del rey! ¿qué habéis hecho de la patria? ¿Por qué la habéis ensangrentado, saqueado y envilecido?». Con esta memorable frase increpa a Ramón Castilla un héroe ficticio, un mártir modélico que ha derramado su sangre en Junín y en Ayacucho y que reconoce, desconsolado, el funesto devenir de la obra que contribuyó a construir a costa de su propia vida: la república del Perú. Aludiendo a Castilla como «soldado del rey», remarca sus orígenes en el ejército realista y contrapone, así, su figura y sus acciones a la patria republicana.

Esta es la voz ficcional en la que Manuel Atanasio Fuentes resume la cólera, la indignación y el pesar que ha manifestado a lo largo del primer libro que publicó: un libelo biográfico del político más significativo del siglo XIX peruano. La *Biografía del Exmo. e ilustrísimo señor Ramón Castilla, libertador del Peru, escrita por el mas fiel de sus adoradores* fue publicada en Valparaíso en 1856, en la Imprenta y Librería del Mercurio, dirigida por el editor, impresor y librero José Santos Tornero, inmigrante español y una figura clave en la historia de la prensa y de la cultura de lo impreso en Chile. El libro incluye la fecha de finalización: el 2 de mayo del mismo año.

Fuentes estaba exiliado en Chile: «Dios sabe hasta cuando; pero será hasta cuando quieran Dios del cielo y San Ramón, su teniente en esta tierra» (1866, p. 301). Bajo el seudónimo de *El Murciélago*, publicó durante los primeros meses de 1855 un periódico satírico del mismo nombre, en el que criticaba con tanta ferocidad como sorna a los elementos disfuncionales de la sociedad peruana. Entre ellos, su principal y favorito objetivo fue Ramón Castilla, presidente de la república, aunque para Fuentes era el comandante de las desgracias del país, el líder de los fracasos y los sinsentidos nacionales.

Ese ensañamiento contra el militar victorioso le valió el exilio: primero de Lima a Arequipa y luego, a Valparaíso, uno de los puertos más cosmopolitas del Pacífico Sur y frecuentemente habitado por desterrados (letrados y militares) de diversos lugares del continente, así como por una importante población extranjera. La distancia no distrae a Fuentes de los asuntos nacionales; acaso, más bien, exalta su furor satírico, su ansia constante de embate verbal, de polémica. Como demostró a lo largo de su vida, fue siempre un hombre de acción (aunque su oficio fuese el de las letras, no el de las armas), así que tomó una decisión que implicaba tanto ingenio como empeño: ir más allá del artículo político para demostrarle al Perú la auténtica naturaleza de su caudillo. Había que probar que Castilla no era solamente un pésimo presidente, sino que era un hombre reprobable, pues sus vicios superaban ampliamente a sus virtudes y constituían el origen de varios de los incontables problemas que aquejaban a la nación.

La materialidad del libro es notable: elaborado en un formato de 14 x 21 cm., la tipografía resalta por su nitidez, mientras que la impresión de las litografías está hecha en un papel más grueso y más liso que el resto. De las doce litografías (una de ellas, la portadilla) insertas en el texto en hojas independientes, tres de ellas exceden el formato de la caja: «El Nelson del Pacífico», «Modelo para prefectos» y «Entrada triunfal a Lima...». Por sus dimensiones y su orientación horizontal, estas fueron dobladas en parte y para observarlas plenamente había que desplegarlas.

El texto de 118 páginas y quince secciones, a las que se suma un largo inciso histórico sobre la campaña libertadora de 1854, expresa desde el título su voluntad satírica e irónica: los términos «excelentísimo» e «ilustrísimo» constituyen un uso hiperbólico del lenguaje y anuncian el tono desmesurado del libro; con «el más fiel de sus adoradores», se instala la ironía. Se trata de un tremendo libelo contra una personalidad notable que, además, se encontraba en la máxima posición de poder.

El ejemplar que conserva la Biblioteca Central de la PUCP nos ofrece algunas pistas sobre la circulación y valoración del libro. El ejemplar perteneció a Nicolás Silva Santistebán y tiene en varias partes la firma y sellos del propietario. En una de las tapas se puede leer, en una bella caligrafía, «esta obra es muy rara». En el reverso de una ilustración se lee: «biblioteca histórica del suscrito, Lima, 1895». Estas anotaciones nos revelan que el libro se hallaba en bibliotecas de limeños, por lo menos, desde 1895; además, que era considerado raro (difícil de obtener) y, por último, que fue clasificado por un lector culto como libro histórico. En sus memorias, José Rufino Echenique (el expresidente vencido por Castilla) recuerda que, en los años de la publicación del libro, varios generales y jefes de su gobierno estuvieron exiliados en Valparaíso (1952, p. 230). Sin duda, muchos de ellos leyeron gozosos el texto, pero este fue un libro prohibido *de iure* en el Perú y, si circuló, fue de manera clandestina, pues agraviaba directamente al jefe de Estado.

Como todo buen libelo, revela en códigos escandalosos la vida privada del actor poderoso (el gobernante, en este caso), pero constituye además un acto de sedición contra una república, signada por el despotismo y la corrupción. Una llamarada de tinta para incendiar la pradera. Los males privados del personaje moldean las estructuras e instituciones de gobierno y, por eso, el libelo ataca simultáneamente ambas dimensiones.

El objetivo final de Fuentes no es la burla o la ridiculización (mecanismos que utiliza con maestría); más bien, es demostrar que toda la vida de Ramón Castilla ha discurrido en la corrupción, la traición, la cobardía, la procacidad; y, además, lamentar que los peruanos persistan en el fatal error de rendirle pleitesía a este caudillo del mal. La finalidad es, pues, destruir la reputación de Castilla. De este modo, la obra se inscribe en una larga tradición que alcanzó su punto más alto en las últimas décadas del siglo XVIII en Francia.

En su libro sobre las formas impresas de la calumnia en Francia, Robert Darnton (2014) sostiene que un libelo ensambla anécdotas, retratos y noticias. Las anécdotas eran unidades de información, pretendidamente ocultadas por el poder, que se revelaban en la textualidad del libelo, que poseían un carácter escandaloso y cuya ambivalencia radicaba en que no eran completamente falsedades, pero tampoco verdades plenas. En esas anécdotas que fascinaban a los lectores se entrelazan datos verificados con exageraciones e invenciones injuriosas. Esta información circulaba independientemente por escrito o en la memoria oral y eran utilizadas una y otra vez en diversos textos.

Otro aspecto central del libelo, según Darnton, es el retrato, tanto la descripción verbal de la figura del personaje, como la exploración en su interioridad. El discurso busca asignarle un sentido negativo a la trayectoria vital de un personaje público, por ello su interés en exhibir los secretos más íntimos de una vida: los orígenes de los padres, el entorno social, la calidad de la educación, los amoríos, las prácticas sexuales, los vicios ocultos. En el Antiguo Régimen, las víctimas preferidas eran los reyes, los miembros de la nobleza, las autoridades religiosas, las cortesanas famosas, los ministros; en tiempos republicanos, los políticos y militares prominentes. En algunas ocasiones, los retratos verbales se acompañaban de imágenes para satisfacer la curiosidad del público.

Finalmente, las noticias aportan la novedad en el libelo. Transmitían información de interés, pero desconocida para la mayoría del público. Había mucho interés por la vida privada de las grandes figuras, Darnton sostiene que «los libelistas prefiguran en cierto sentido al moderno reportero de investigación» (2014, p. 391).

En el libelo de Manuel Atanasio Fuentes hay numerosas anécdotas sobre Castilla que funcionan como unidades independientes de significación y que probablemente ya circulaban en soportes materiales o mediante la oralidad del rumor o el chisme político: sus orgías en Cusco, el hijo ilegítimo que secuestró, sus abusos sexuales durante la guerra, el asesinato cometido por el presbítero Cordero. Sumado a esto, aparece el retrato físico y moral no solo del protagonista, sino de otros actores de la política de la época, como Domingo Elías o Juan Gualberto Valdivia. En el rubro de las noticias, se ofrece el dato revelador que Ramón Castilla fue empleado doméstico de su propio hermano y vendedor de chancaca en su adolescencia, información que cumplía un claro papel de descalificación social. Además, hay una versión detallada de la campaña de 1854, que pretende ser un documento para la historia, con los desplazamientos de ambas tropas y los titubeos de Castilla ante las fuerzas de Echenique. Este largo inciso se inserta entre la sección decimotercera y la decimocuarta. Como explica Darnton, un eximio libelista puede «describir escenas, mezclar diálogos con descripción y trabajar su historia hasta llegar a un desenlace dramático» (2014, p. 334) y este es el caso del Murciélago.

Esta biografía de Castilla posee también un perfil de panfleto político, pues trata de criticar y descalificar a un notorio político mediante el ataque verbal impreso, pilar fundamental del espacio público y del campo periodístico en el siglo XIX. Fuentes tiene una demostrada habilidad para la sátira, conoce muy bien sus mecanismos principales: parodia e ironía. Lo ha venido demostrando en la hoja volante *El Murciélago* y en otras ocasiones en las que ha puesto su pluma al servicio de causas políticas o como medio para expresar su rechazo hacia algún político prominente.

Mientras el estilo retorna con cierta frecuencia a los procedimientos retóricos de la sátira, el objetivo del texto y las condiciones en que se produce (la dictadura, el exilio) le imponen gravedad y seriedad al libro. En el triunvirato de lo satírico (intención crítica, posicionamiento moral, mecanismo humorístico), lo humorístico queda relegado. Prima la indignación y la reprensión sobre la burla. La intención moralizante de Manuel Atanasio Fuentes no se manifiesta de forma implícita —como es habitual en la sátira—, la crítica es directa y abiertamente hostil, aunque sin abandonar completamente el talante cómico mediante fragmentos risibles, hipérboles y situaciones ridículas que pretenden la risa y simpatía del lector. Además, la ironía se emplea como medio para asignarle densidad comunicativa al texto; de este modo, se exploran las posibilidades de un humor más exigente y sofisticado conceptualmente.

La dimensión cómica se despliega adicionalmente en el conjunto de caricaturas que ilustran diferentes momentos de la vida de Ramón Castilla. Las litografías guardan una profunda coherencia gráfica entre ellas y, como es habitual en la época, van acompañadas de pequeñas frases que anclan el mensaje. Hay un elemento iconográfico presente en todos ellos: las botas del militar, altas y con espuelas que representan el carácter autoritario del protagonista y el régimen despótico que encarna, el texto las denomina: «un par de granaderas». A continuación, comentaremos algunas caricaturas.

«Los murciélagos y el hombre» nos presenta a Castilla con su bota en la mano peleando contra una bandada de murciélagos que lo acosa. El casco militar con la cola de crin está cayendo, lo que enfatiza el movimiento de la composición. Fuentes solía autorrepresentarse mediante estos animales y aquí se expresa la batalla verbal y gráfica que el libro ofrece. Al presentar al general descalzo de un pie y en una encarnizada batalla contra pequeños murciélagos, se degrada su figura tanto en su porte como en su valor militar.

«Entrada triunfal a Lima, el 5 de enero de 1855» presenta a tres hombres cabalgando en una formación jerárquica; sin embargo, se produce una inversión ridícula clásica, pues cabalgan burros, iconográficamente asociados a la irracionalidad, en vez de caballos, asociados a lo heroico. Adelante, va Castilla en traje militar con una enorme hoja de palma (alusión a la batalla de La Palma, encuentro decisivo en el que derrotó a Echenique) y detrás de él dos de sus aliados, políticos civiles de ese momento: Manuel Toribio Ureta y probablemente José Gálvez, con sus respectivas hojas de palma. Las extendidas colas y las orejas enhiestas de las bestias contribuyen a degradar más ese supuesto ingreso triunfal a la capital.

«Los convencionales convienen en adorar la bota» es una caricatura de profundo contenido político, asociado a la redacción de la nueva Constitución de 1856. La caricatura denuncia que los congresistas, en vez de cumplir con su tarea, se han sometido al poder despótico del militar gobernante. Así, la bota luce gigantesca y aplastando al escudo de la patria y a una hoja en la que se alcanza a leer parcialmente la palabra constitución. El grupo de personas que aparece en la parte inferior luce diminuto y parece compuesto en parte por los congresistas, pero también por un público que reclama ante tan grotesco espectáculo. En el conjunto se ven dibujadas figuras femeninas, lo que refiere a la práctica de las mujeres de acudir, como espectadoras, a los debates parlamentarios. La centralidad gráfica de la bota es inapelable, pues se ha convertido en objeto de culto político. Esta caricatura expresa gráficamente uno de los argumentos del libro: la desnaturalización de las instituciones por obra y gracia de Castilla.

El Murciélago se preocupa en aclarar que su obra tiene una pretensión histórica: encontrarle un sentido a los procesos políticos que han devenido en la dictadura de Castilla. Más allá de las caricaturas, no hay procesos paródicos que enmascaren las identidades de los actores involucrados en los sucesos narrados; lo que Fuentes presenta es un conjunto de hechos anunciados como verdaderos, siguiendo la lógica discursiva del libelo. La supuesta verdad está construida sobre testimonios, voces públicas, indagaciones personales, recuerdos y documentos. Para Fuentes, esto es suficiente prueba de verosimilitud, pues no debemos olvidar un hecho clave: estaba escribiendo sobre la vida de quizá el hombre más público de la época, de alguien que dejó trazos de sus acciones en diversos órdenes de la sociedad, un contemporáneo de sus lectores.

Ramón Castilla ya era, en 1856, una personalidad polémica, rodeada de mitos, rumores y habladurías. En el texto se encuentran frases que sustentan la credibilidad del discurso en el conocimiento oral y popular, como «se le ha oído decir con frecuencia», «lo hemos oído discurrir sobre», «En estas palabras, de cuya exactitud puede dar fe un pueblo entero». Así también, se apela a la credibilidad de algunos involucrados, como cuando hace referencia a una carta que aún «existe en poder del Sr. Mar, a cuyo testimonio recurrimos, interpelando su honor y su veracidad, si se pretendiera negarnos este hecho». Por otra parte, también se preocupa en aclarar que no toda voz popular es verdadera, con frases como «aunque la exactitud de este aserto sea combatida por muchas personas» o la aclaración al respecto de la muerte de un general, «sobre la que se han hecho comentarios que no reproducimos aquí, por no estar persuadidos de la exactitud de las causas que la motivaron».

Lo cierto es que de Ramón Castilla se escribía y hablaba mucho, como lo comprueba la existencia de textos escritos por contemporáneos suyos en los que se pueden leer impresiones muy diversas y la circulación de un conjunto de anécdotas orales sobre el controvertido general. Su exitosa carrera militar, su participación en las conspiraciones de inicios de la vida republicana, su particular carácter y sus polémicas decisiones rodearon el nombre de Castilla de rumores populares. Para algunos, como Manuel Atanasio Fuentes, el caudillo era un personaje absolutamente reprobable (aunque luego cambiaría de opinión); para otros, era un héroe patrio digno de admiración. Sin embargo, en los retratos de contemporáneos suyos, es usual encontrar un punto medio: un hombre de vicios y virtudes, de grandes errores y aciertos.

Después del texto de Fuentes, el costumbrista y satírico Ramón Rojas y Cañas escribió *Vicios y virtudes del gran mariscal Castilla* (1874), un texto fragmentario de naturaleza biográfica, una colección de anécdotas que tienen como objetivo retratar la compleja y controvertida imagen del dos veces presidente. El resultado es un texto que el propio Rojas califica como contradictorio, lo que considera inevitable siendo el militar tarapaqueño una figura tan controvertida.

Por otro lado, Castilla es sujeto recurrente en las tradiciones de Ricardo Palma, apareciendo como personaje principal en siete de ellas. Quizá la más conocida es «Historia de un cañoncito» (1896), que retrata sus modales hoscos y su sabiduría práctica. «El desafío del mariscal Castilla» (1906) cuenta la anécdota del duelo que iba a llevarse a cabo con el señor Saillard, un representante del gobierno francés. Esta misma historia es narrada por Fuentes en la biografía que aquí presentamos, y la comparación ilustra la complejidad del personaje: para Palma, Castilla se propone luchar para defender el honor de la caballería peruana, y el duelo se cancela debido a la muerte de Saillard por una enfermedad; en la versión de Fuentes, el mariscal se acobarda y ordena discretamente que llamen a las autoridades policiales para que eviten el encuentro.

Fuentes, Rojas y Cañas y Palma coinciden en varios rasgos que permiten comprender mejor la imagen de Castilla. El «Libertador» aparece retratado como un hombre de personalidad áspera, difícil. Su obstinación es, en algunos casos, el origen de su éxito. No confía demasiado en las personas, ni tampoco ofrece lealtad: se enemista con algunos y se alía con otros de acuerdo con lo que exigen las circunstancias. A veces tiene arranques violentos, a veces es burlón, a veces es magnánimo. Su ánimo es difícil de prever, se le concibe como un hombre cerrado.

Los tres escritores afirman que es un devoto jugador de rocambor —un juego de cartas— e importante apostador; aunque ellos varían en el tratamiento que le dan a este rasgo y a la intensidad de su vicio. Fuentes señala que despilfarra fondos del erario y que, en vez de gobernar, juega; Palma narra su afición por el juego como un hecho conocido por todos y cuenta cómo siempre buscaba compartir sus ganancias con otros afortunados, pero las deudas las asumía solamente él («Don por lo mismo», 1906). Esta afición no era tan singular, pues Lima era una sociedad muy dada al juego, sobre todo entre las clases privilegiadas; la afición a las cartas y a las apuestas era parte de la herencia hispana.

Varios de sus biógrafos coinciden en su inclinación a los placeres sexuales. Fuentes emplea este rasgo para descalificar su hombría y degradarlo moralmente en varias partes de su relato, así lo retrata como violentador de una mujer y como participante de orgías; para Rojas y Cañas, su afición por las mujeres resulta anecdótica. Indudablemente, ambos coinciden en que no es un hombre de hogar, aunque tampoco destaca en la seducción o el romance: según Fuentes, se vale de su posición de poder para acercarse e imponerse a las mujeres.

Otro rasgo común en los textos remite a su tosca forma de hablar: corta las frases y repite las palabras. Efectivamente, se le consideraba un hombre de acción más que de letras, con una inteligencia práctica muy aguda, que el propio Fuentes reconoce como una habilidad para detectar la mejor forma de sacarle provecho a una situación, aunque sea obrando de mala fe.

En cuanto al ámbito más personal, hay poca representación del ambiente familiar, del círculo personal de Castilla. Fuentes menciona a su hermano al principio del texto, realiza una valoración sobre el honor de su esposa y también refiere al episodio del hijo ilegítimo, que le sirve como ocasión para graficar la falta de escrúpulos del caudillo. Además, se asoma una visión racializante, aunque embozada, con la descripción de su «erizado bigote». Era conocido que, por parte de su madre, Castilla tenía sangre indígena. Su carácter cerrado también puede leerse en este proceso de racialización: el indígena como ser impenetrable es un antiguo tópico, recurrente desde tiempos coloniales.

En su *Historia del Perú*, escrita a mediados del siglo XIX, Juan Basilio Cortegana realiza quizá una de las descripciones más precisas de Castilla, pues en ella resume la complejidad de su carácter:

Este es el sucesor de Gamarra en la presidencia de la república o el fortunoso por excepción. Tiene, por esta, una estrella muy despejada, al paso que ha sabido y sabe aprovecharse, en la política y la guerra civil, de las coyunturas y circunstancias decisivas de los hombres. Ha sabido conocer, proporcionar y concretar la actualidad y el porvenir políticos de los peruanos a su albedrío. Él, sin ser suave ni severo, sino sanguinario, más que en los momentos del combate, ha dominado la situación en que se ha visto comprometido. Se le ha dicho, generalmente, que su principal máxima ha sido que, al que le ha rogado llorando, le ha dado una patada, por considerarlo incapaz para nada; y, al que le ha hablado riéndose, le ha vuelto la espalda, como diciéndole que más tarde lo conocería en su mejor punto de vista. Tanto en lo político como en lo militar, con ninguno se ha unido más tiempo que el que lo ha creído útil a su servicio.

El carácter de Castilla queda expuesto: hábil en la política, comprende la naturaleza de los peruanos, no se compromete con nadie y no ostenta mayor principio que reaccionar según las exigencias de cada momento. No solo coincide en esto con Fuentes, sino que también reconoce su buena «estrella»: para el Murciélago, la fortuna acompañó a Castilla en momentos cruciales, de los que no habría salido airoso solo con sus habilidades políticas o militares. Cortegana concluye su descripción con un comentario sobre la trayectoria de Castilla:

> Hombres nuevos son los que más le han gustado en sus ejércitos. De aquí es que la nación se ha recargado de esa inmensidad de militares de todos grados, que viven de su tesoro sin deberles más servicio que el haber pertenecido a los partidos de las guerras intestinas por la ambición, el mando, los empleos y el dinero. Entre todos los mandatarios que han regido el Perú, ninguno ha sabido ni podido conocer mejor el temperamento de los hijos del país que este que los ha penetrado en todas sus fases. Es esta la principal originalidad por la que él ha hecho en la república cuanto ha querido, poniendo a todos los habitantes bajo su buen o mal dominio (2022, pp. 150-151).

Como participante de las batallas que sellaron la independencia del Perú y como defensor de los derechos de los veteranos de esta gesta, Cortegana expresa su preocupación por el destino de la república en manos de un hombre que representa el faccionalismo y la inestabilidad en que el país ha estado sumido desde la independencia. Castilla se ha abierto camino hacia el poder gracias a su audacia y a su sagacidad en el trato con los demás. Aunque

Cortegana no termina de confirmar su postura, admite que, para bien o para mal, el tarapaqueño ha tenido la capacidad de imponer su voluntad en el Perú.

Es esto lo que denuncia el Murciélago: Castilla, siempre en búsqueda del poder, conspira permanentemente no con el objetivo de corregir el rumbo del país, sino de granjearse los beneficios que implica la presidencia. Como explica Gargurevich (1999), Fuentes pertenece a una generación que creció entre el desorden de los primeros años de la época republicana (p. 64). No ha conocido más que inestabilidad y enfrentamientos internos; por ello, rechaza el caudillismo y el faccionalismo que Ramón Castilla representa. A puertas de un proceso constituyente (que tendría como resultado la Constitución de 1856), era necesario denunciar las inmoralidades del líder nacional.

De esa representación nace la inmensa riqueza de este libelo biográfico. Contar la historia de Castilla es, en buena cuenta, contar la historia desde la independencia hasta la consolidación de un estado nacional en el Perú. La obra de Fuentes no sigue minuciosamente la trayectoria vital del mariscal; más bien, se centra en momentos clave de su vida, en anécdotas que explican cabalmente su carácter y que, además, forman parte de su camino hacia el poder. En esos puntos esenciales aparecen varios de los personajes que fueron actores centrales en la historia de la república en esas décadas: Manuel Ignacio de Vivanco, Domingo Elías, Miguel San Román, Trinidad Morán, Fermín del Castillo, el Deán Valdivia. La pluma de Fuentes nos acerca también a las historias de los personajes del Perú decimonónico que, en determinados momentos, estuvieron cerca de Castilla, ya sea como aliados o enemigos.

El balance final es negativo y viene cargado de pesimismo: Fuentes se pregunta si alguna vez el Perú podrá superar la permanente crisis en que se encuentra por la incapacidad y la corrupción de sus autoridades. El ataque a Castilla se consagra, pues, como una reflexión sobre un problema profundo de la nación. Un solo individuo no puede ser absoluto responsable de la desgracia de un país, eso el Murciélago lo entiende muy bien. Este mal tiene su raíz en el servilismo de los peruanos ante autoridades corruptas, en la debilidad de las instituciones republicanas y en la falta de líderes políticos que trabajen por el desarrollo nacional y la preservación del orden. Mientras el horizonte no muestra signos de tiempos mejores, a Fuentes solo le queda encomendarse a una justicia divina que se hará cargo de los enemigos del bienestar social.

Contra lo esperado, la relación entre Ramón Castilla y Manuel Atanasio Fuentes no quedará permanentemente resquebrajada debido a las graves acusaciones que contiene el presente libelo. En su autobiografía, publicada en 1863, el Murciélago manifiesta que, eventualmente, llegó a forjar una amistad con el mariscal. No tiene intención de parecer hipócrita o fingir un arrepentimiento que no siente. Reconoce que la amistad empezó gracias a un favor que Castilla hizo para un gran amigo suyo, el Dr. Pacheco, y que a partir de ello recibió una serie de beneficios. Pero es claro y directo:

> Nunca; nunca, lo digo estando vivo el General y las personas de su círculo íntimo, me abatí a él ni pretendí disculpar mi anterior conducta, y dicho sea en honor de la verdad, el General Castilla ha tenido la delicadeza de no mover sus labios para hablarme de cosas pasadas (1863, p. 131).

Es decir, entre el favor y la amistad, Fuentes no pretende retirar las graves acusaciones lanzadas contra Castilla, y no existe ni recelo ni rencor de parte de este último, lo que da cuenta, para el libelista, del carácter magnánimo del caudillo. Su amistad no existe en el marco de la hipocresía, ni el favor que le hizo implicaría un trato político recíproco:

> Hoy no gobierna: quizás no gobernará más; por lo mismo no se atribuirán estas esplicaciones á una servil humillacion; quizás tambien en una lucha eleccionaria, no seré yo su partidario, pero no por eso dejaré de ser su amigo agradecido (...) Si me vendí, la moneda con que se me compró fue noble... no fueron pesos sino un servicio que refluyó en provecho de un hombre á quien amo como á un hermano (...) Si mil veces se me ofreciera la ocasión de repetir esa infamia, otras tantas lo haría (1863, p. 132).

Esta enemistad, vuelta luego en una valiosa relación para Fuentes, da buena cuenta de su carácter: no está dispuesto a retractarse de críticas que, para él, están bien justificadas. Adicionalmente, este desenlace constituye una prueba de que la capacidad de Castilla para persuadir y dominar a los hombres era real. Por ello, en vez de combatirla, prefirió ganar para su lado a una de las más implacables plumas del Perú decimonónico.

Aunque han transcurrido 168 años desde su aparición en Valparaíso, la *Biografía del excelentísimo e ilustrísimo señor Don Ramón Castilla* ofrece una voz crítica todavía vigente sobre problemáticas que el Perú no ha superado. En la importante tarea de recuperar y revitalizar la obra del Murciélago, nos precede el valioso trabajo de Víctor Arrambide, quien ha publicado fragmentos de la *Biografía...* en su selección de textos de Manuel Atanasio Fuentes (Ediciones MYL, 2022). Hoy presentamos la primera reedición íntegra del texto, con una ortografía actualizada y notas a pie de página, invitando al lector a disfrutar de un libelo político que condensa la imaginación y la historia, la violencia verbal y el humor gráfico y desde allí construye una imagen ridícula y siniestra de uno de los presidentes más admirados por numerosas generaciones de peruanos.

Referencias

Arrambide, Víctor (2022). *Artículos satíricos y de costumbres (1855-1884)*. Ediciones MYL.

Cortegana, Juan Basilio (2022). *Historia del Perú*, volumen V. Biblioteca Nacional del Perú; Fundación BBVA.

Darnton, Robert (2014). *El diablo en el agua bendita o el arte de la calumnia de Luis XIV a Napoleón*. Fondo de Cultura Económica.

Echenique, José Rufino (1952). *Memorias para la Historia del Perú (1808-1878)*. 2 tomos. Antártica.

Fuentes, Manuel Atanasio (1866). *Aletazos del Murciélago: Colección de artículos publicados en varios periódicos. Tomo primero* (Segunda ed.). Imprenta de Ad. Lainé y J. Havard.

Fuentes, Manuel Atanasio (1863). *Biografía del [Murciélago] escrita por él mismo para proporcionar un momento de placer a su tocayo D. Manuel de Amunátegui, propietario del acreditado periódico EL COMERCIO*. Imprenta de «El Mercurio».

Gargurevich, Juan (1999). Manuel Atanasio Fuentes: Un limeño del siglo XIX. *Letras (Lima)*, 70 (97-98), 61-80.

Palma, Ricardo (1896). *Tradiciones peruanas (ropa vieja)*. Montaner y Simón Editores.

Palma, Ricardo (1906). *Mis últimas tradiciones peruanas y Cachivachería*. Casa Editorial Maucci.

Rojas y Cañas, Ramón (1874). *Vicios y virtudes del gran mariscal D. Ramón Castilla*. Tipografía de «La Patria».

BIOGRAFÍA DEL EXCELENTÍSIMO E ILUSTRÍSIMO SEÑOR DON RAMÓN CASTILLA, LIBERTADOR DEL PERÚ, ESCRITA POR EL MÁS FIEL DE SUS ADORADORES.

Un héroe cuya historia no se escribe
Es héroe muerto, cuando ya no vive.

MURCIÉLAGO...

VALPARAÍSO:
IMPRENTA Y LIBRERÍA DEL MERCURIO,
DE SANTOS TORNERO Y CA.
1856.

Los murciélagos y el hombre.

Jamás apareció en el mundo un genio sin que las artes no hubiesen contribuido a perpetuar sus hechos y memoria: jamás tampoco fue más sublime el poeta que cuando se entregó a las inspiraciones que en su alma engendrarán las glorias de un héroe.

Mientras tanto, en el territorio de los incas, donde son tan escasos los hombres prominentes; donde los personajes de la farsa que llamamos política pasan unos tras otros dejando a la posteridad un recuerdo tan vago que debe borrarse después del entierro; donde se hacen necrologías del más insignificante exviviente, pero necrologías tan solo destinadas a ocupar un trozo de periódico; donde el patriotismo y el amor nacional tocan en el frenesí, no se ha levantado una sola voz, no se ha movido una sola pluma para decir al mundo entero: *¡He aquí nuestro héroe!* ¿Qué?, ¿los cuadros de la vida de un hombre salido de un rincón oscuro de la tierra y elevado por su propio mérito a la cumbre del poder, no merecen ocupar un lugar en la historia de los hombres del siglo? ¿El que pudo rebelarse contra los decretos de la Providencia que lo destinara para servir, hasta el punto de destinarse él mismo a mandar, no verá su nombre inscrito en el catálogo de los animales portentosos? ¿El que, en medio de una vida variada y pasando las más extrañas crisis pudo, sin haber leído jamás un libro, hacerse docto en las artes y en las ciencias, no merece ser enumerado entre los genios de los genios?: ¡oh!, injusticia fuera no ofrecer al mundo la biografía de tan excelso personaje, y esa injusticia que, según las apariencias, iba a consumarse con escándalo de la humanidad y con ofensa de la civilización del Perú, soy yo, yo el *Murciélago*, el que la evitaré. Tócame a mí la gloria de levantar a mi patria un monumento cual el que levantó a la suya el conde de Toreno y, aunque algún poeta diga a propósito de mí, lo que Espronceda a propósito del historiador español[1], no por eso se vendrá abajo el monumento que descansa sobre un par de granaderas más sólidas y fuertes que las que usaron Goliat y Sansón, si en tiempo de esos prójimos usáronse tales calzados.

Y, en efecto, ¿qué importa que mañana u otro día saliera algún escritor de versos de mi patria (en donde nadie se quejará de escasez de bardos) diciéndome:

Mal escritor de hechos eminentes

A quien llaman *Murciélago*, o bien Fuentes?

Nada y nada: porque, aunque mi mérito como pintor no sea el que corresponde al objeto cuyo bosquejo me propongo hacer, si es cierto que de la poca bondad del retrato nazca el descrédito del artista, no lo es menos que el original conservará toda su belleza y donosura.

Lástima es, y a mi parecer harto grande, que mi escrito no sea un poema, porque yo empezaría invocando el poder de las musas, convidando al genio y clamando por la inspiración. Pero en un estilo harto prosaico y puramente histórico no hay a quién invocar, sino es al ángel de la guarda y a la memoria. Es decir, que tengo que resignarme a escribir sin ayuda de vecino y lo que es peor, sin inspiración.

¿Pero qué? El entusiasmo que experimento al recordar los méritos de mi hombre, el ardor que siento dentro del pecho al principiar mi relación, la exaltación de mis ideas, el éxtasis en que caigo al contemplar las proezas de ese hijo

---

1 En el primer canto de su poema titulado *El diablo mundo*, José de Espronceda (1808-1842) dedica unos versos a José María Queipo de Llano y Ruiz de Saravia, VII conde de Toreno (1786-1843): «al necio audaz de corazón de cieno. / A quien llaman el Conde de Toreno». El conde escribió la *Historia del levantamiento, guerra y revolución de España*, libro que él mismo llamó, según señala Espronceda, un monumento a la historia de su patria; de ahí la comparación de Manuel Atanasio Fuentes.

predilecto de Marte y de Minerva[2], ese estado nervioso y convulsivo en que entra mi mano, ese correr presuroso de mi pluma que sería capaz de seguir escribiendo sola si yo la soltara, ¿no valen más que la inspiración del poeta que se entrega a ilusiones, divagaciones, y descripciones (perdón por las terminaciones) de objetos ideales y de pura fantasía? Sí, por cierto. Yo si no canto, escribo sobre un objeto existente, vivo y sólido, sobre el cual puedo desplegar todas mis fuerzas y descargar mis golpes sin que nadie pueda decir que son *golpes en vago*.

Pondré, pues, manos en la obra que al fin no es obra de romanos[3], y confío en que la bondad de mi intención hará bueno mi trabajo y que el Perú sabrá apreciarlo desde que tiende a consignar los hechos del más insigne de los capitanes, del más experto de los guerreros, del más ilustrado canonista, del más profundo político, del más diestro piloto, del más consumado economista, del más feliz discípulo de Cupido, del más grande y portentoso hombre, en una palabra, de cuantos nacieran para dar honra a una nación. Los pueblos todos del mundo envidiarán la dicha que el Perú tiene de poseer semejante monstruo: los biógrafos todos envidiarán la gloria que me ha tocado de escribir tan asombrosa historia.

II.

No están conformes las tradiciones en cuanto al punto donde Ramón Castilla abrió por primera vez sus hermosos ojos para recibir las impresiones de la luz. Ese lugar esclarecido de la provincia de Tarapacá, donde el

---

2 Hipérbole que ironiza con los atributos asociados a Marte y Minerva en la mitología romana: el dios de la guerra y la diosa de la sabiduría.

3 Expresión que alude a una obra difícil, costosa o de gran envergadura; aquí usada en sentido negativo.

niño Ramón oyó los primeros arrullos maternales y donde dirigió a la nodriza sus primeras e inocentes sonrisas, nos es hasta hoy desconocido; pero es evidente que nació en las salitreras y que, así como algunos vivientes merecieron ser toda su vida dichosos, porque se les echó el bautismo con *agua de anchovetas*, así lo fue el héroe *in fieri*[4] por haber sido bautizado con agua de salitre, cuyas virtudes no son menores que las de aquella. En igual oscuridad permanecen hasta ahora sus primeras ocupaciones; supónese que desde niño se dedicó a trabajos serios y pesados y que fue peón de leñador, aunque la exactitud de este aserto sea combatida por muchas personas que aseguran haberlo conocido de *apiri*[5]. Lo que sí está fuera de duda es que su señor padre fue trabajador de minas y que, bien por hacerle compañía o por afición, se le veía con harta frecuencia entrar y salir a las minas donde su progenitor servía de peón.

Avanzaba en edad el joven Ramón y, terminada su educación e instrucción primaria sin haberse dado nunca el trabajo de leer un libro y menos haber perdido el tiempo en escuelas y colegios, empezó a correr países con el objeto de adquirir prácticamente la ciencia de la vida, estudiando las costumbres extranjeras.

El Sr. D. Matías de la Fuente vino a establecer en Concepción[6] una oficina para el beneficio de salitres y trajo en clase de dependiente a Leandro Castilla, hermano mayor del joven Ramón, a quien este vino acompañando como sirviente. Tanto era su deseo de viajar que, a pesar de su alta alcurnia y de sentir dentro de su pecho esos instintos que inspiran las creencias de haber nacido para grandes cosas,

---

4   Locución latina que indica que algo está en vías de hacerse o haciéndose.

5   [Nota del autor] Peón que carga metales de las minas a las canchas

6   [Nota del autor] de Chile.

se resignó a aprender a servir, como paso necesario para aprender a mandar.

El Sr. La Fuente habilitó a su dependiente Leandro para que estableciese en Concepción una chingana o pulpería, y Ramón ascendió de sirviente doméstico a dependiente de una casa de trato. No eran muy suaves los modales del pulpero, su ceño era siempre adusto, empezaban ya a sombrear sus labios unas cuantas agudas espinas y la afición a las botas que desde entonces se desarrolló en él con furor, lo hacían un patrón poco amable para sus parroquianos. Sin embargo, la chingana expendía un efecto entonces tan raro como apreciable: ningún muchacho dejó de pasar los umbrales de esa casa, la chancaca que en ella se encontraba disfrutó alta fama hasta algunas leguas a la redonda, y fueron pocos o ningunos los consumidores que alguna vez no exclamaran, chupándose los dedos o pasándose suavemente la lengua por los labios: «¡¡qué buena es la chancaca de ñor Castilla!!».

Consérvase hasta hoy el recuerdo de ese exquisito manjar peruano; viven todavía muchas personas que conocieron esa acreditada chingana.

¡¡Que buena es la chancaca de ñor Castilla!!

Permanecía Ramón entregado a sus especulaciones mercantiles, ganaba en fama y en crédito su establecimiento, cuando estalló en Concepción un movimiento revolucionario hecho por los patriotas. Vino de Chiloé a sofocar ese movimiento el general Pareja, en cuyas filas se alistó D. Leandro Castilla, el que, ayudado por la influencia del Sr. La Fuente, hizo asentar plaza de soldado distinguido en las tropas españolas a su hermano y dependiente D. Ramón, incorporándolo en el regimiento *Dragones de la frontera*. Empieza aquí la vida militar del exchancaquero: sus principios patriotas y liberales, sus instintos democráticos, su amor a la igualdad política no se habían desarrollado todavía. Ese hombre, para quien el Perú es su patrimonio, ese que, convertido en apóstol de las libertades públicas, ha predicado los dogmas de la más torpe demagogia, empezó a formar su hoja de servicios tomando parte con los enemigos de la independencia americana. Contribuyó a sofocar el grito de libertad lanzado por una provincia de Chile porque, sin duda, nunca pudo ocurrirle que, consumada la independencia de las colonias y emancipado el Perú del poder de la España, se vincularía al suyo para ser regido, no por un cetro de oro, sino por un grosero zurriago[7]; no por un hombre nacido en la púrpura[8], sino por un patán dado a luz sobre la paja.

Castilla combatía entonces su propia causa; sostuvo a aquellos bajo cuyo gobierno no hubiera jamás llegado, ni en sueños, a la altura a que lo han elevado una serie de acontecimientos que no han estado ni podido estar bajo el dominio de las humanas previsiones.

Algún tiempo después del suceso que hemos referido, la derrota de los españoles en Chacabuco obligó al mariscal

---

7   Látigo empleado para azotar o castigar.
8   Asociado a la realeza.

Marcó del Pont[9] a retirarse de Santiago a Valparaíso y, en el tránsito, fue hecho prisionero, cayendo con él Castilla, que pertenecía a la escolta. Llegó como tal prisionero a *Las Bruscas*[10] y fugó de allí hasta el Brasil, de donde regresó con el Brigadier Cacho, viniéndose por Mato Grosso al Alto Perú[11]. Pasó después a Arequipa y, fiel a sus banderas, se presentó al jefe español que ocupaba esa plaza, quien lo incorporó en clase de portaestandarte en el escuadrón *Dragones del Perú*. Encargado entonces del acopio de víveres para rancho de su cuerpo, acantonado en el pueblo de Pampas en la provincia de Tayacaja, empezó a dar pruebas ostensibles de su pureza y honradez. El servicio de su cuerpo no le impedía consagrarse a la lucrativa especulación de vender por su propia cuenta y para su provecho los cueros de las reses, los sebos y aun parte de los ganados, ni menos entregarse a tentar fortuna jugando; pero esta diosa aún no se había decidido en su favor y lo hizo perder hasta tres mil pesos de los fondos del cuerpo. Descubierto en tan ruines y poco decentes manejos, fue preso y sometido a un juicio, cuyas consecuencias no le hubieran sido muy agradables en aquellos tiempos en que la *moralidad* peruana no estaba tan adelantada. Sus propios compañeros le indicaron la fuga como el único medio de salvación, y la emprendió en efecto, ayudado de un cura y de un respetable vecino de aquel lugar que, según creemos, vive aún. Pero la fuga

---

9   Francisco Casimiro Marcó del Pont y Ángel (1765-1821), militar y corregidor español, último gobernador real de Chile.

10 Las Bruscas fue una importante prisión para soldados y oficiales realistas. Estuvo ubicada en las Provincias Unidas del Río de la Plata. Albergó a cerca de mil prisioneros entre 1817 y 1821.

11 Según Rubén Vargas Ugarte, Castilla estuvo acompañado del teniente coronel Fernando Cacho, con quien emprende un largo camino que lo lleva a conocer la geografía del continente. El 7 de junio de 1818 llegan a la Audiencia de La Plata y bordean el Titicaca hasta llegar a Puno. Luego siguen su camino hacia Cuzco. De ahí a Abancay, Andahuaylas y Huamanga. En agosto de 1818 llegan a Huancavelica, de donde parten finalmente a Lima. En total, viajaron durante cinco meses.

de ese hombre que había ya dado principio a su carrera de hechos nobles, no podía dejar de ser acompañada de algunas notables circunstancias, y el porta Castilla tomó su portante, llevándose consigo los caballos y la bien provista maleta de su coronel. La prisión y enjuiciamiento desarrollaron el sentimiento patriótico y republicano de Castilla; no podía seguir prestando sus servicios en unas filas donde la mala conducta y el pillaje eran castigados; los soldados de España eran unos tiranos que querían matar la libertad que los hombres tienen para atender a sus conveniencias y, para salir de esa espantosa tiranía, se vino la víctima de ella a presentarse al ejército libertador. No era ciertamente aquella la época más aparente para investigar las causales que pudieran obligar a un militar a cambiar de bandera y, a los que se pasaban a la de la república, se les creía dignos de nombre de patriotas; sin embargo, no se hizo mucho aprecio del porta de *Dragones*, que permaneció como suelto en Lima por algún tiempo.

Comisionado el general D. Antonio G. de la Fuente por el general Riva-Agüero para formar una división en el norte del Perú, marchó en uno de los cuadros el alférez Castilla y, merced a la profusión con que entonces se prodigaron los ascensos militares, logró subir hasta teniente coronel en menos de tres meses, sin haber practicado el más insignificante hecho que lo hiciera meritorio a llegar hasta esa categoría.

Consumada la revolución contra Riva-Agüero para dar el poder supremo al libertador Bolívar, y cuando ya todo el Perú reconocía la potestad de este caudillo, marchó Castilla al pueblo de La Huaca, de Piura, con el objeto de reclutar hombres y hacer una requisa de caballos. Imposible sería enumerar los excesos, las violencias y las tropelías cometidas por Castilla. Los reclutas eran puestos en libertad a cambio de alguna suma de dinero; se vendían públicamente parte de los caballos quitados por la fuerza a sus dueños; se desataron con furor todas las perversas pasiones de que era foco el corazón de ese hombre; la crápula y la corrupción se ostentaban con el más insolente descaro y, en el desborde de toda inclinación torpe y brutal, no se respetó ni a las mujeres. Ese hombre de impulsos feroces y de apetitos violentos, capaz de vencer toda barrera que se opusiera a la satisfacción de estos, y poco astuto para seducir, tuvo que recurrir a la violencia y que escandalizar a la sociedad con repetidos estupros. Entre los hechos de esta clase consérvase todavía fresco el recuerdo de haber Castilla violado por la fuerza a dos mujeres, empleando, para mayor ultraje de la moral, el auxilio y ayuda de sus propios soldados. Acontecimientos de semejante naturaleza no podían menos que encender el odio público contra Castilla y, un respetable vecino del lugar, dueño de una hacienda llamada El Arenal, tuvo la energía suficiente para enrostrarle sus demasías; pero no era D. Ramón el hombre que cediese a saludables consejos, ni que pudiera escuchar, sin irritarse, la voz enérgica de la verdad; el que tuvo entonces el arrojo de decírsela lo pagó bien caro, pues tuvo que sufrir doscientos azotes, mandados dar por orden de D. Ramón.

Las arbitrariedades, robos y escándalos habían llegado al último grado de desenfreno, cuando el general D. Andrés de Santa Cruz, que a la sazón se hallaba en Piura, instruido en ellos, hizo una severa reconvención a Castilla, quien respondió con los más punibles actos de insubordinación, de los cuales dio parte aquel jefe al libertador[12]. Irritado este,

---

12 Se refiere a Simón Bolívar.

ordenó al comandante D. Trinidad Morán[13] que marchase a esa provincia a tomar y remitir a Castilla al cuartel general con una barra de grillos, con el objeto de ser fusilado allí. Morán relajó la severidad de esta orden y se limitó a mandarlo a Trujillo. Allí, el general Bolívar le hizo poner los grillos y, en ese estado, llegó hasta Huamachuco, en donde el subprefecto D. Pablo Diéguez se los mandó quitar, haciéndolo continuar su camino en calidad de preso hasta algunos días después de la batalla de Junín.

Puesto en libertad, fue agregado al regimiento Húsares de Junín y, siendo allí inútiles sus servicios, pasó de segundo ayudante de E. M.[14] de la división peruana. En esta clase concurrió a la batalla de Ayacucho, de la cual salió levemente herido.

Obligado por esta causa a quedarse en Ayacucho por algún tiempo, recibió el encargo de reunir los dispersos y heridos y formar de ellos un escuadrón con el cual marchó al Cuzco, habiendo ocurrido en Limatambo un horroroso acontecimiento cuya relación suprimiríamos gustosos, si ella no contribuyera de una manera elocuente a dar una idea del carácter y de la corrupción del hombre.

Cierto es que la pluma se resiste a trazar esos cuadros de bestialidad y de barbarie que son por su naturaleza harto increíbles; cierto es que se corre el riesgo, al describir algunos hechos, de lastimar los sentimientos de pudor y

---

13 José Trinidad Morán y Manzano (1796-1854) fue un militar venezolano, nacionalizado peruano, que participó en las campañas de independencia de Ecuador, Perú y Bolivia. Estuvo involucrado en la vida política y militar de la recién fundada república del Perú. Fue fusilado por orden de Domingo Elías en 1854, en el contexto de la campaña revolucionaria de Ramón Castilla, peleando del lado de Echenique. En su nombre se bautizó a la Marcha Morán, pieza fúnebre que, según cuenta la tradición, se interpretó improvisadamente en su camino al patíbulo.

14 Estado Mayor: órgano militar conformado por oficiales que asesoran técnicamente al mando superior en la toma de decisiones.

decoro del lector. Pero ¿cómo suprimir uno de los rasgos más característicos de la vida de un ser a quien la necedad de los unos y la humillación de los otros, han pretendido pintar como digno del aprecio y veneración de un pueblo entero?

Cuando para juzgarlo no existieran más datos que los que ministran los primeros hechos de su vida pública, cuando no se le hubiera podido apreciar recientemente en una altura donde se hacen mucho más ostensibles los vicios y las virtudes, cuando no fuera cierto que los hombres que salieron de la corrupción y atravesaron en ella la mayor parte de sus días son, por decirlo así, incapaces de arrepentimiento; bastaría, repetimos, el recuerdo de sucesos que el tiempo no ha podido aún borrar, para que los peruanos bajaran la cabeza de vergüenza por haberse prosternado ante un nombre complejo de iniquidad y de perfidia, síntesis de todo lo malo y de todo lo execrable.

En el escuadrón que comandaba Castilla que, como acabamos de decir, se componía de los dispersos y heridos de Ayacucho, hallábase un sargento a quien acompañaba una muchacha de buen parecer y agradable físico; este objeto no podía menos que excitar los ardores concupiscentes del comandante, quien tenía como idea fija obtener los favores de esa desgraciada mujer por grado o por fuerza. Ella, insensible a las constantes propuestas de Castilla, hizo confidencia a su mancebo de las pretensiones de aquel, y es claro que el sargento estaría muy al cuidado para evitar que, agotados los medios de seducción, recurriera su jefe a emplear los de la fuerza.

Pero la superioridad de clase y la jerarquía militar dan medios para el abuso y, abrasado Castilla por el furor de la lujuria, no era él quien repararía en los medios de aplacarla.

En Limatambo, dispuso el arresto e incomunicación del sargento sin causa para ello. Este no tuvo dificultad en adivinar el motivo verdadero de su prisión y en el acto hizo venir a la mujer a su calabozo. Al cabo de pocos momentos, cuatro soldados se presentan en este y, cumpliendo con la orden del jefe, arrancan a la mujer de los brazos del hombre que la defendía. En vano lucha el sargento, en vano manifiesta a sus soldados que desempeñan el horroroso papel de verdugos en el más torpe sacrificio; la mujer es arrastrada y, destrozados sus vestidos y herido su cuerpo, es conducida ante los pies de ese despreciable sultán. Brillan los ojos de este con ese brillo aterrador que prestan las pasiones feroces; tiene en su poder el objeto de sus lascivos ensueños, pero ese objeto se resiste; el horror y la indignación fortalecen su debilidad; se necesita todavía, para el triunfo, llevar la inmoralidad hasta el último punto, se necesita entrar en un infame pacto con los cómplices de ese acto de torpeza. Castilla les propone que despojen a la mujer de sus vestidos, que la postren a la fuerza y la contengan mientras él sacia su brutal apetito y que ellos después serán árbitros para imitarlo. Entre esos caníbales encuentra aceptación tan inicua propuesta; la víctima es abatida y Castilla recibe sin duda en tan atroz momento la maldición de los cielos.

Concluido ese acto que mataría de remordimiento al hombre de más encallecida conciencia y más endurecido corazón, sale Castilla a buscar, fuera del lugar del crimen, el aire que tempere la fuerza de su sangre. Mientras tanto se repiten dentro de la vivienda horrorosas escenas de la más sublimada prostitución.

La mujer se libra, en fin, de esa horda de vándalos; corre despavorida y cubierta en sangre con dirección incierta; no cubre su desnudez un solo jirón de trapo; llora y se desespera, pero quiere aún su mala suerte que en su fuga tropiece con Castilla; la vista de la víctima inflamó siempre al verdugo, el aspecto de la sangre irrita el hambre del lobo de la selva; así Castilla se arroja nuevamente sobre esa mujer que, yerta e inanimada, cansada del dolor y de la fatiga, es conducida otra vez al aposento en donde pasó toda una noche.

Mientras tanto, los soldados que comprendieron el origen de la prisión de su sargento, los que penetraron la proterva intención del jefe, se disponían a sublevarse y a escarmentarlo severamente; pero la rigidez de la vida militar, la severidad que puede emplearse con el inferior que aparenta insubordinarse, el abatimiento, en fin, en que está colocado el soldado, hicieron que la grande victoria de Castilla no fuese amargada por ningún desagradable contratiempo.

III.

Terminada la guerra de la independencia, fue nombrado el comandante Castilla subprefecto de Tarapacá. Tratábase entonces de nombrar presidente vitalicio de la república al libertador Bolívar, y de dar al país una carta política, también vitalicia. Opúsose Castilla abiertamente a la realización de estas ideas, influyendo con eficacia en los colegios electorales de su provincia; su conducta fue aplaudida y calificada de eminentemente patriótica y, sin embargo, no fue el patriotismo el móvil de las resistencias de Castilla; lo fue sí, el odio que hacia Bolívar abrigara, a consecuencia de la prisión de Piura de que, poco ha, hemos hecho referencia.

Ocupose en la subprefectura, más que del servicio público, de su propio negocio, haciendo en compañía de D. Mariano Vidal el contrabando de plata de piña. Descubierto en tales manejos fraudulentos fue sometido a un juicio que se siguió por el Sr. D. José Rivero, administrador entonces de la aduana de Arica.

Después de la batalla del Portete[15], se conspiraba en el sur del Perú a favor del general Santa Cruz, presidente ya de Bolivia y, aunque Castilla había tomado parte con los conspiradores, hízolo tan solo con el propósito de instruirse en sus secretos y, una vez conseguido este, amarró al prefecto, al comandante general y a otras autoridades: este acto de traición y de perfidia le mereció el ascenso de coronel.

Permanecía Castilla en Arequipa sin colocación, cuando el general Gamarra organizaba el ejército que debía abrir una campaña sobre Bolivia, ejército en el cual fue destinado como jefe de E. M. de la división de caballería. A pesar del carácter nacional de la guerra que iba a emprender, Castilla, aprovechando el pronunciado disgusto público contra los extranjeros y capitulados, trabajaba por la caída de Gamarra. Las conspiraciones y el eco que ellas encontraron en el Congreso obligaron a este general a firmar la paz, dejando subsistentes los motivos que, desarrollándose cada día en mayor escala, han ocasionado tantos males al Perú. El general Gamarra, que no contaba entonces con la simpatía nacional y que, a consecuencia de estos sucesos, sentía su autoridad debilitada y vacilante, disimuló los crímenes de Castilla y de otros, y lo trajo a Lima para colocarlo de ayudante general del E. M. G.[16]

No era el coronel Castilla hombre capaz de permanecer inactivo sirviendo fielmente al que lo destinara, así es que,

---

15 La batalla del Portete de Tarqui se libró el 27 de febrero de 1829 entre el ejército peruano y el grancolombino, cerca de Cuenca, Colombia (actualmente territorio ecuatoriano).
16 Estado Mayor General.

volviendo a su conocida senda, se puso nuevamente a conspirar. Descubiertos sus trabajos, fue preso y sometido a juicio remitiéndosele al Callao. Del castillo del Real Felipe, fue trasladado al del Sol[17] y puesto a disposición del gobernador de ese fuerte, teniente coronel Rivera. Severas eran las órdenes dadas contra el preso, pero Rivera era bondadoso y relajó esa severidad, conservándolo en su casa y colmándolo de todo género de servicios y de comedimientos. Castilla se manejó entonces con su protector como la culebra de la fábula; al mismo tiempo que disfrutaba una vida cómoda, merced a la generosidad de su guardián, empleaba todos los medios que la iniquidad y la perfidia pueden sugerir para seducir a la mujer de este. Un sargento mayor Boza, amigo y paisano de Rivera, lo instruyó de la infidelidad de su esposa y en el crimen de Castilla; el ofendido se puso en acecho y, convencido por sus propios ojos de la realidad de los hechos, descargó su ira dando al seductor una pateadura, en la cual perdió algunos dientes. Trasladósele entonces a la corbeta de guerra *Libertad*, mandada por el contralmirante Postigo.

Mientras tanto, seguían en Lima los trabajos de conspiración que motivaron la prisión de Castilla y, cuando se hallaban avanzados y señalado el día del movimiento, fue a bordo de la corbeta D. Manuel Aldea, hoy dependiente del Sr. D. Juan Ugarte, para instruir a Castilla de que la revolución debía consumarse encabezada por el capitán Rossel, a fin de que estuviese pronto para ponerse al frente de ella. Aldea contaba con que esta noticia debía naturalmente ser de mucha importancia para el preso, desde

---

17 Originalmente llamado fuerte «San Miguel», fue una fortificación construida durante la época virreinal para proteger el Callao, junto a la Fortaleza del Real Felipe y el fuerte «San Rafael». En la época republicana se le rebautizó como fuerte «El Sol». Fue destruido por el ejército chileno durante la guerra del Pacífico.

que le hacía esperar una próxima soltura y, más que todo, la realización de sus deseos; pero no conocía el alma negra y pérfida de ese hombre, tan cobarde como villano. Castilla consultó al comandante Postigo si denunciaría la revolución y a sus cómplices, pero este era un hombre hidalgo y contestó *que los caballeros no consultaban esas cosas*. «Es que temo», replicó Castilla, «que esta sea una red». «Tema Ud. lo que quiera», le repuso Postigo, «pero repito a Ud. que los caballeros no consultan estas cosas». A pesar de eso, Castilla hizo la denuncia: Rossel fue fusilado y otros muchos comprometidos fueron condenados a expatriación. Todos estos hechos constan del proceso en que se encuentra la denuncia escrita por Castilla[18].

Castilla dio por razón para este acto de infame cobardía el temor de que la revolución no fuera cierta y de que solo se hubieran querido explorar sus intenciones; cuanto encierre de torpe esta razón no puede ocultarse a ninguna inteligencia. Por el infundado temor de ser engañado, entregó a los que trabajaban por su causa a una muerte segura y, débil para llevar adelante los planes en que había tomado parte, fue pérfido y cobarde, hasta el punto de hacer derramar la sangre de sus cómplices.

Pocos días después de la denuncia se fingió enfermo y consiguió su traslación al hospital de Santa Ana, en calidad de preso; abusando de la benevolencia con que fue tratado por el comandante D. Joaquín Jineres, jefe de esa casa, fugó de ella, dejando a este en grave compromiso, y pasó a Chile

---

18 Los hechos referidos en este párrafo tuvieron lugar el 18 de marzo de 1832. A pesar de ser hombre de confianza del presidente Agustín Gamarra, se comprobó que el capitán cuzqueño Felipe Rossel encabezaba un intento de revolución contra su gobierno. Malintencionado o no, el aviso de Castilla ayudó a sofocar la sublevación. Rossel fue apresado esa misma noche y ejecutado al día siguiente.

donde publicó un manifiesto. Ese documento célebre[19] es la perentoria confesión de sus iniquidades; declara en él que tomó parte en todas las conspiraciones que hasta entonces se habían tramado en el Perú; se confiesa el denunciante de Rossel y, desnudo de honor y de vergüenza, se pinta con su propia pluma como uno de esos hombres de maldición, nacidos para baldón de la especie humana.

IV.

Hallábase Castilla en Tarapacá cuando estalló en el año de 1834 la revolución hecha por los generales Gamarra y Bermúdez contra el presidente provisorio, general D. Luis José Orbegoso[20], y se vino entonces a Arequipa para tomar parte con el general Nieto contra Gamarra. Sabido es que aquella campaña terminó con las batallas de Miraflores y Cangallo; en esta última quedó casi íntegra la caballería mandada por Castilla, compuesta de más de ochocientos hombres. El enemigo tendría apenas de sesenta a ochenta soldados de esa arma, número insuficiente para perseguir a aquella. Esta circunstancia hacía fácil y nada peligrosa la retirada de Castilla con su fuerza íntegra, y la verificó en efecto hasta Tacna. De este hecho, en que no puede encontrarse mérito alguno que acredite ni valor ni pericia militar, nació la fama de Castilla. Soldado hasta entonces oscuro y de quien nadie se ocupaba a no ser para citar sus poco honrosos procedimientos, alcanzó con aquella retirada la fama de valiente y estableció la base de esa alta reputación

---

19 Acusado de causar la muerte de Felipe Rossel, Castilla publicó en Arequipa su *Manifiesto del coronel Ramon Castilla, rebatiendo a los que injustamente le han atribuido la infausta muerte del ilustre cuzqueño, capitan D. Felipe Rosel, fusilado por Gamarra en la plaza de Lima* (1834), en el que elogia la figura de Rossel y confiesa que, de haber prosperado, se hubiera unido a su movimiento revolucionario.

20 Luis José de Orbegoso (1795-1847) fue un militar y político peruano que ejerció como presidente provisorio entre 1833 y 1835 y como presidente del Estado Nor-Peruano durante la época de la Confederación Perú-Boliviana.

de que, por algún tiempo, ha disfrutado entre los necios. La revolución del general Salaverry acaeció siendo Castilla prefecto de Puno y, habiéndose sublevado el departamento, se vino a Arequipa a encargarse de la secretaría general del general Orbegoso. Como tal, presentó a este una orden general en que se daba de baja del ejército a todos los jefes y oficiales nacidos en el norte del Perú, bajo el pretexto de que eran unos constantes conspiradores, y tomó activa parte en la llamada del general Santa Cruz y en la intervención boliviana, autorizando las instrucciones bajo las cuales debía celebrarse ese llamamiento.

Poco después se hizo cargo del mando de una fuerza acantonada en Paucarpata, con la que se sublevó amotinándose y aduciendo por causal la misma intervención boliviana a que había contribuido. El general Orbegoso mandó al mariscal Cerdeña para que quitase la fuerza a Castilla, que fue confinado a Tacna.

Santa Cruz llegó al Perú y dictó en contra de Castilla órdenes severas que debían ser ejecutadas por el general Brown. Para eludirlas, tuvo Castilla que ocultarse en casa de un extranjero respetable de quien recibió todo género de atenciones y servicios que recompensó escribiéndole, desde el Callao (hasta donde fugó), una carta plagada de invectivas y desvergüenzas. En el Callao se asiló en un buque francés, a cuyo bordo se encontraba la esposa del general Salaverry. Sin consideración al sexo y condición de esa respetable señora, tuvo la insolente descortesía de prodigarle los más groseros ultrajes.

El general Morán ocupó entonces Lima con el carácter de jefe superior y fue a visitar a Castilla a bordo, llevando sus finezas hasta el punto de empeñarse con el general Orbegoso para que le diera mil pesos.

Castilla marchó otra vez para Chile y escribió su segundo manifiesto, pretendiendo probar su ninguna parte en la intervención boliviana y haciendo ostentación de su previsión y patriotismo.

Entre la multitud de hechos notables que forman la historia de la vida de nuestro hombre durante este último viaje a Chile, referiremos solo dos, el uno de los cuales lo presenta siempre cediendo a sus instintos de pillaje y el otro da una cabal idea de su exquisita cobardía.

El general La Fuente se ocupaba en organizar una pequeña fuerza de caballería, cuyo mando confió a Castilla en el hecho de armas del barón. Aunque no entró en lucha, tuvo la imprudencia de apoderarse de todos los equipajes que le vinieron a las manos, y usaba con descaro unos vestidos, vendiendo otros. Castilla calificó esa usurpación de botín bélico.

El carácter díscolo y grosero de Castilla lo compromete con frecuencia en lances para él siempre tan desagradables, como poco honrosos en sus resultados. Empeñado en uno de ellos con el mayor López Salgado, se dispuso y arregló un duelo que debía verificarse en el conventillo[21]. Constituidos en el campo los combatientes y sus padrinos, llegó el solemne momento de cruzar las espadas, acto retardado por Castilla, alegando que la de su adversario era algo más larga que la suya. Cediósela este y, salvado el inconveniente, el deseo de no batirse vino a crear el de que no le era posible hacerlo sin dragona[22]; López Salgado retorció un pañuelo y lo acomodó a la empuñadura, pero Castilla resistía alegando que esa clase de dragona era insegura porque, no teniendo

---

21 Casa de vecindad, generalmente con un patio interior.
22 Lazo o cordón atado en un extremo a la empuñadura de un arma blanca (generalmente, una espada) y en el otro a la muñeca del portador.

borlas, no le resguardaría a la mano. El contrario que no veía en todo esto sino los tristes efugios del miedo, pero que estaba llano a ceder en cuanto tendiese a poner Castilla en toda su ridiculez, consintió en que fuese una persona a la ciudad para procurarse una dragona. Marchó en efecto un comisionado, pero el Dr. Polar, amigo de Castilla y su afín, sea espontáneamente o por encargo, se ocupó en propalar la voz del desafío hasta hacerla llegar a los oídos de la policía. No estaba aún de regreso el comisionado al lugar del duelo, cuando una multitud de curiosos y tras ellos un número de gendarmes, hicieron ocultarse a los combatientes y testigos.

Más tarde nos será preciso referir otros hechos de esta naturaleza que ciertamente bastan por sí solos para apreciar el grado de cobardía y fanfarronada de Castilla.

V.

Permanecía en Chile Castilla cuando se organizaban las expediciones que debían llevar al Perú la guerra con el objeto de derribar al general Santa Cruz, y es claro que aquel tomaría parte en ellas. Fue, en efecto, con la del general Blanco Encalada, que terminó mediante los tratados de Paucarpata, y en la segunda comandada por el Sr. general D. Manuel Bulnes que desembarcó en las playas de Ancón.

Durante la primera expedición, ocurrió entre el general Castilla y el coronel D. Manuel Ignacio de Vivanco[23] un lance que bastaría para dar a conocer la poca dignidad de ese hombre tan altanero e insolente con los débiles, como débil y humillado ante los que tienen verdadera energía. El coronel Deustua pertenecía a una división mandada por el

---

23 Manuel Ignacio de Vivanco (1806-1873) fue un militar y político peruano. Involucrado en el escenario de la conspiración y el caudillismo, fue importante rival de Ramón Castilla en múltiples ocasiones, dadas sus aspiraciones al poder.

coronel Vivanco y, sin consentimiento de este, que era su inmediato jefe, cumplió una orden que Castilla le impartiera como prefecto de Arequipa. El comandante de la división impuso a Deustua un arresto, por el cual fue reconvenido con arrogancia y cierto aire de autoridad por el prefecto, en presencia de los Sres. Martínez, Pardo, generales La Fuente, Blanco, Aldunate y otras personas respetables. No era el coronel Vivanco hombre que soportara las insolentes genialidades de Castilla, contestole con energía haciéndole entender que no estaba dispuesto a consentir que nadie menoscabara sus atribuciones como comandante de una división, y que él (Castilla) no tenía facultad de mandar a los jefes que a ella pertenecían, añadiéndole que no lo intimidaban bravatas ni fanfarronadas. «¡Para qué sirve entonces ser general!», exclamó Castilla, arrancándose las charreteras de los hombros y tirándolas al suelo. «Sirven», le contestó el coronel Vivanco, «para que los hombres conozcan sus deberes, y para que no empleen insolencias que yo no sé soportar de nadie. Para mí es lo mismo que las charreteras de Ud. estén colocadas en el sitio donde han caído —debajo de un sofá— o un albañal[24], o en sus hombros». De esperarse era que de una ofensa hecha en público pidiera Castilla la satisfacción exigida por el honor; el coronel Vivanco lo esperaba así, pero el hombre no se dio por entendido del suceso, aunque guardara en su corazón el rencor y la ponzoña de que posteriormente ha dado las más constantes pruebas.

No obstante esta clásica prueba de cobardía, el prefecto aparentaba ser un Bernardo[25]; jamás paseó las calles de Arequipa a no ser a caballo, con coraza y lanza.

---

24 Conducto o canal en el que circulan las aguas residuales.

25 Se refiere a una persona aguerrida, valiente. Uso basado en el significado del nombre en el mundo germánico.

El ejército chileno restaurado estableció su cuartel general en la hacienda de Copacabana, a donde el general Orbegoso, que ocupaba Lima, mandó distintos comisionados, todos ellos hombres de importancia, con el objeto de convenir en los medios de evitar un combate en las puertas de la capital. Del número de esos comisionados fue el Sr. Dr. D. Agustín G. Charún, hoy obispo de Trujillo. Aunque no era Castilla la persona con quien tenía que tratarse, no desperdiciaba las ocasiones de manifestar su insolencia; decíales que quería entrar a la capital a sangre y fuego, y *empaparse en la sangre de los pícaros limeños*.

El ejército chileno ocupó Lima y se organizó el gobierno provisorio del general Gamarra, en el cual, por las negativas de varios jefes, se encargó Castilla del Ministerio de Guerra. En esta clase hizo la campaña restauradora que terminó con la batalla de Yungay. Así como no pudo batirse en el *conventillo* sin dragona, así no pudo pelear como ministro sin coraza, y en acomodarse la armadura pasó todo el tiempo del combate, presentándose en el campo cuando ya era un hecho la derrota del enemigo.

Módelo para Prefectos.

Sin embargo, el mismo Castilla ha dicho a uno de sus generales en la campaña última que, si le faltaba armamento, podía obtenerlo del gobierno de Chile por medio del general Bulnes, *porque a este, que por una parte muy amigo del dinero, lo tenía además tomado por el freno, porque habiendo dado por perdida la batalla de Yungay, ordenaba ya la retirada de las tropas, cuando él (Castilla) dio orden para que volvieran al ataque.*

Terminada la campaña de la restauración, marchó Castilla a Pasco, en donde desplegó la más encarnizada persecución contra todos los confederados y ordenó el secuestro de las minas y bienes del Sr. Otero, sin otra causa que la de ser este amigo de Santa Cruz. Su altanería le hizo entrar en choque con el general Vidal, de quien recibió el elocuente correctivo de unas cuantas trompadas.

De regreso a Pasco, se hizo cargo del despacho del Ministerio de Hacienda y, como hábil economista, alcanzó alto renombre de puro sin más que aplicar en su práctica administrativa de los caudales públicos, los principios de su administración privada, que han consistido y consisten en no pagar sus deudas. Durante el ministerio Castilla, ningún empleado pudo contar con seguridad con su renta.

Preciso se hace referir aquí otros dos hechos semejantes al ocurrido con López Salgado.

Durante la campaña no se encontraban en armonía ni en buena inteligencia los generales Castilla y Torrico, y cuando este marchó como comandante de la división de vanguardia y ocupó el sur del Perú en calidad de jefe superior de esa parte de la república, se cambiaron entre ambos algunas notas tan fuertes que Torrico escribió al general Gamarra exponiéndole que no daría cumplimiento a ninguna orden que le fuera comunicada por el ministro Castilla. El general Gamarra llamó a Torrico y le quitó el mando de la división y, creyendo este que semejante medida partiera de las influencias de Castilla, le dirigió los más ofensivos ultrajes. Torrico fue nuevamente comisionado al sur, después de algún tiempo de haber permanecido en un lugar con Castilla, quien le mandó un cartel de desafío cuando ya estaba embarcado. El general Torrico aceptó el duelo para su regreso y, cuando este tuvo lugar, buscó a su adversario para satisfacerlo. Pero el reto había sido una pura balandronada[26], se había hecho cuando no se creía ni podía ser de inmediatos resultados y, cuando la imposibilidad hubo desaparecido, el retador hizo que, por conducto de su esposa, se denunciara el desafío a la autoridad que debía impedirlo.

El representante del gobierno francés en el Perú, Sr. Saillard, tenía pendiente en el Ministerio de Hacienda una reclamación, no sabemos si sobre intereses públicos de su nación o sobre los privados de algún súbdito. Fue a hablar al ministro, quien tuvo la descortesía de no recibirlo. El Sr. Saillard esperó que el general Castilla saliera de su despacho y, al dirigirle la palabra, tuvo por toda respuesta que se le volviese la espalda y se cerrase con fuerza la mampara. Ciego de cólera y ultrajado en su dignidad y su representación, dirigió al ministro una carta de duelo, dejándole la elección del arma, la hora y el sitio. Castilla aceptó el desafío, que debía verificarse a las cuatro de la mañana del día siguiente, en un lugar próximo a Miraflores, con lanza y a caballo. Debe notarse, para comprender la cobardía que este hecho encierra, que mientras Castilla había empezado por ser un soldado de caballería, el Sr. Saillard no podía poseer el manejo de la lanza y que, siendo entonces el

---

26 De baladronada, que deriva del adjetivo baladrón: un fanfarrón, un cobarde que presume valentía.

primero un hombre fuerte y vigoroso, su adversario era de una constitución débil y delicada, y un hombre de más de sesenta años. Fácilmente se colige que la idea existente al tiempo de establecer estas condiciones para el duelo fuera la de hacerlo irrealizable, pero el encargado de negocios las aceptó, para afrenta de su cobarde enemigo. A pesar de que el triunfo de Castilla podía reputarse seguro, no por eso lo intimidó menos el arrojo del Sr. Saillard, y recurrió entonces al conocido medio de propalar el duelo para que el gobierno se viese en la precisión de evitarlo. Sucedió en efecto que, a la hora que los contendientes debían salir de sus casas en dirección al sitio convenido, se encontrasen aquellas rodeadas por considerable número de soldados de caballería[27].

Sublevado el año de 1841 el departamento de Arequipa, proclamando bajo el nombre de *regeneración* un nuevo sistema político y como caudillo al general Don Manuel I. de Vivanco, marchó Castilla al mando de una división con el objeto de sofocar ese movimiento; pero los insurrectos eran dueños de alguna fuerza y el desenlace no podía ya verificarse sino por medio de un hecho de armas. Castilla escogió sus posiciones en Cachamarca y ofició al general Gamarra diciéndole que estaba colocado de tal manera que era seguro su triunfo. A pesar de eso, fue atacado y, en el atolondramiento y falta de serenidad que en tales

---

27 La desavenencia entre Ramón Castilla y Armand Saillard, cónsul francés, fue también narrada por Ricardo Palma en la tradición «El desafío del mariscal Ramón Castilla», versión muy distinta a la de Fuentes: el conflicto surge de una ofensa a la caballería peruana por parte de Saillard, quien luego de pactado el duelo se va a Venezuela para entrenarse en el uso del caballo con los llaneros, donde muere víctima de fiebre amarilla. Al respecto, Jorge Basadre aclara en su *Historia de la República del Perú* que el incidente entre ambos personajes fue real y sucedió el 29 de agosto de 1840. Señala que la versión de Palma no es fidedigna, pues el origen del conflicto fue un reclamo del cónsul por una deuda del gobierno peruano con una casa francesa. Según Basadre, lo dicho por Fuentes tampoco es exacto: el duelo fue impedido por el canciller Manuel Ferreyros, no por el propio Castilla.

lances se apoderan de él, se puso en precipitada fuga, sin dar órdenes de ninguna clase, de manera que los cuerpos que estaban a su mando se retiraron por su propia cuenta. El jefe encargado de perseguir esos cuerpos en derrota y de apoderarse de los dispersos cambió de ruta, causa por la cual, en un momento de poca vigilancia, fue sorprendido en Cuevillas por las tropas de Castilla que salieron vencedoras en este encuentro. Necesario es decir que en el triunfo no fue casi ninguna la parte de este general, porque el ataque se empeñó por el coronel D. Manuel Lopera, a pesar de la orden expresa que tenía en contrario.

En la carrera de Cachamarca, perdió Castilla su equipaje, compuesto de una sola maleta bien poco provista de ropa, por cuyo importe se hizo pagar ocho mil pesos de los fondos públicos.

A consecuencia de la derrota de las tropas regeneradoras, cayó prisionero en Arequipa el coronel D. Valentín Boza, a quien ya hemos nombrado antes como el revelador de la pérfida conducta de Castilla para con su protector Rivera. Mal antecedente era este por cierto para merecer ninguna consideración por parte del vencedor y, antes sí, muy a propósito para satisfacer una atroz venganza.

Castilla no podía olvidar que debió a las revelaciones de Boza una pateadura: este había caído bajo sus manos y, para un corazón vengativo, era esta una ocasión no despreciable. Sometiolo a juicio ante un consejo de guerra, que condenó a muerte al reo y la pena se ejecutó en el acto.

Sentenciado Boza, y notoria su condena, todas las clases de la sociedad de Arequipa se empeñaron en salvarlo del suplicio: las comunidades religiosas, los vecinos notables reunidos en cuerpo y, por último, todas las señoras de distinción, imploraron de Castilla el perdón de Boza. Este rechazó con insolencia las súplicas de todos los hombres y recibió a las señoras en mangas de camisa, usó con ellas de modales bruscos e insolentes y las despidió diciéndoles *que fuesen a cuidar a sus muchachos y a coser sus medias*. ¿Y qué importaban, en efecto, todos los esfuerzos humanos para enervar una resolución fijada por las pasiones del odio y el rencor? ¿Cómo desperdiciaría Castilla la ocasión brillante de acreditar que su *corazón magnánimo* era incapaz de olvidar un ultraje? Ese hombre que se humilla y se prosterna cuando se encuentra abatido por la suerte, el que por temor o miedo supo denunciar a sus cómplices para que fueran condenados a la muerte, ese hombre no podía menos que ser altanero y cruel en la prosperidad, porque así fueron y son todos los cobardes.

Castilla tuvo en su vida sobrado tiempo para exigir de Boza una reparación por la ofensa que de él recibiera con haber denunciado a un bondadoso marido las infidencias de su mujer y la perfidia de un huésped protegido, pero ese camino ofrecía el inconveniente de salir mal en una lucha singular; el de vengarse, estando el contrario en situación de no resistir, era el más propio para las almas infames, viles y cobardes como la de Castilla.

Hubo todavía en el juzgamiento de Boza particularidades importantes que no corresponden sino a la biografía del mariscal D. Miguel San Román[28], otro de los ilustres personajes del Perú, cuya historia es tan fecunda, como la que ahora escribimos, en hechos de traición y de perfidia.

---

28 Miguel de San Román y Meza (1802-1863) fue un militar y político peruano. Ocupó diversos cargos en el gobierno, llegando a ser presidente del Perú desde 1862 hasta su muerte unos meses después.

San Román había hecho un viaje de Puno a Cuzco con el exclusivo objeto de empeñar a Boza en que tomase parte en la regeneración. Boza se excusó abiertamente pero, al fin cediendo a las instancias, se prestó a servir esa causa. No bien se hubo lanzado, cuando San Román hizo una reacción en su contra. Preso aquel, y sometido al juzgamiento de un consejo militar, preséntase este a presidir el consejo. Boza no sabía hasta qué punto debía admirar la perfidia del que lo había lanzado para revelársele después. En medio de su estupor y viéndolo ocupar el sillón del juez, le preguntó: «¿Ud., general San Román, va a juzgarme? ¿Ud. por cuyas instancias me encuentro en este banco?». «Sí», responde el impúdico juez, «yo voy a juzgar a Ud. porque no se arrepintió Ud. en tiempo como yo».

Seguro es que en los anales de la impudencia y del cinismo no se registrarán rasgos de infamia igual al que acabamos de trazar. San Román, digno teniente de Castilla, cuyas vidas tienen tantos puntos de identidad, fue el que estampó su firma al pie de una inicua sentencia de muerte. Ese degradado general fue uno de los verdugos de la víctima que había de sacrificarse para aplacar la sed de venganza del general Castilla. Entre San Román y Castilla, unidos siempre para todo procedimiento que pueda calificarse de infame, existe, sin embargo, la envidia y el odio más concentrados. Cada uno cree que el otro le es superior en perfidia, por eso se rechazan cuando aparecen más unidos; por eso se detestan cuando aparentan estimarse más; por eso se combaten sin cesar, aunque el primero, con menos arrojo que el segundo, sea incapaz de hacer ostentación de su desafecto que casi siempre reviste ante el público con el ropaje de una sincera adhesión.

VI.

No habían aún terminado los sucesos de la *regeneración*, cuando el general Gamarra salió de Lima con una columna a la cual se reunió después la tropa victoriosa en Cuevillas para invadir a Bolivia, y ocupando ya ese territorio el ejército peruano, se ocupó Castilla, como siempre, en introducir en la tropa la anarquía y el desorden: deseaba alejar a los generales San Román, Frisancho y otros, a quienes titulaba *cholos*, pero no pudo conseguir su propósito, porque el ejército le profesaba un profundo odio. Forjó entonces la calumnia de que aquellos generales conspiraban contra el general Gamarra. Más tarde, supuso que el teniente coronel D. Luis La Puerta intentaba hacerlo matar cuando él (Castilla), en su calidad de jefe de E. M., fuese a rondar la columna ligera que aquel mandaba y que estaba situada en el campamento del panteón de la Paz. A mérito de esta acusación, el teniente coronel La Puerta fue preso y sometido a un juicio que quedó paralizado por consecuencia del contraste de Ingavi.

Llegado el día de la batalla, el general Gamarra, director de la guerra, encomendó el mando de la infantería al general San Román, y el de la caballería al general Castilla. Las tropas peruanas estaban colocadas con el frente a Ingavi y la espalda para Viacha, ocupando las enemigas la situación opuesta. El movimiento táctico del general Gamarra consistía en colocar sus tropas a la izquierda del enemigo, para lo cual dispuso que las columnas se movieran por ese flanco, debiendo la caballería cubrir por vanguardia el movimiento, a fin de que no fuese advertido por los adversarios; realizado este propósito de una manera favorable, ordenó el general Gamarra que la caballería que cubría el frente de las columnas se abriese por mitad a derecha e izquierda a tomar los flancos de estas, para dar paso a la infantería y que pudiese atacarse al enemigo por el costado. Castilla desobedeció repetidas veces esta orden y, conocida ya por los bolivianos la colocación del ejército peruano, resolvieron efectuar un cambio en su centro para presentar el frente al ejército que los había flanqueado. Gamarra insistió entonces con empeño en que Castilla efectuase con la caballería la evolución ya ordenada para tomar campo y marchar sobre el enemigo mientras se movía, y Castilla insistió también en su desobediencia cumpliendo la orden cuando ya el general Ballivián, jefe de las fuerzas bolivianas, había terminado su movimiento y mandado su caballería sobre la que ocupaba el flanco izquierdo del ejército peruano. Dispuso entonces el general Gamarra que toda su caballería se reconcentrase en el punto atacado y esta resolución fue cumplida tan lentamente que, cuando la reunión tuvo lugar, ya una parte había sido arrollada, y la caballería boliviana había avanzado hasta colocarse a retaguardia de la infantería peruana. Cuando Castilla mandó la caballería de la izquierda a sostener a la de la derecha, que era la atacada, no marchó con ella, así es que los cuerpos se encontraron sin jefe y sin recibir orden alguna. Desperdiciada la ocasión de atacar a los bolivianos en el momento de cambiar de frente, y destruida la caballería peruana por no haberse puesto Castilla a su cabeza, se desordenó la infantería, siendo un resultado preciso la pérdida de la batalla. Esta pérdida, la muerte del general Gamarra y el baldón que las tropas peruanas recogieron en los campos de Bolivia, no se deben, sin duda, sino a la insubordinación y cobardía de Castilla, y la columna levantada en Ingavi por el general Ballivián, no fue sino el monumento erigido para perpetuar la memoria de la infame traición cometida por Castilla contra el presidente del Perú y contra la nación entera.

Castilla cayó prisionero, como otros muchos jefes y, después de recibir los mayores ultrajes e insultos de Ballivián, fue remitido a Oruro, de donde intentó fugar, por lo cual recibió una paliza de un jefe boliviano.

Ciertamente que este hecho no deshonra a un hombre indefenso con el que el vencedor comete un acto de insolencia y de barbarie, pero lo deshonra sí, el que olvidado del trato que allí recibiera, se haya siempre manifestado solícito defensor de Bolivia, manteniendo allí ciertas relaciones políticas con mengua de su propio decoro y de la honra de su patria. Más tarde volveremos a este punto. Del lugar de su prisión pasó Castilla el parte de la batalla al Sr. D. Manuel Menéndez, encargado del gobierno del Perú; en ese largo escrito de catorce pliegos no se encuentra un hecho que no sea una falsedad, pues para encubrir sus muchos actos de criminal insubordinación acusa de traidores a los generales San Román y Lerzundi, a los jefes La Puerta, Taboada y a su mismo cuñado D. Manuel Canseco. Allí, para disculpar su falta de cumplimiento a las órdenes que el general Gamarra le impartiera, dice que cuando él mandó preguntar si cargaría, le contestó *que era ya tarde, siendo apenas las doce del día*; Castilla se reviste de un hipócrita candor, al referirse a la hora del día y no al momento preciso de ejecutar un ataque. Castilla reúne el sarcasmo y la impudencia a su crimen de traición y de felonía. Tarde era sin duda, porque la pregunta fue hecha cuando había pasado el momento que el general Gamarra comprendió era el oportuno para que Castilla atacara; tarde y muy tarde, porque abandonada la caballería a su propia voluntad, fue destruida por el enemigo; y esa tardanza, que motivó la derrota, fue originada por Castilla mismo.

Para colmo de insolencia, termina Castilla ese famoso parte, indicando que si él hubiera dirigido la batalla como dirigió la de Cuevillas, el éxito hubiera sido favorable para las tropas del Perú.

Durante la prisión recibió Castilla, no sabemos a punto fijo si es de los Sres. Allier y Quirós, pero podemos asegurar que del último, una suma de dinero que debía ser repartida entre los prisioneros, a ninguno de los cuales dio un peso.

El Sr. Herseaux, comerciante de Tacna, le remitió espontáneamente a Bolivia distintas cantidades que llegaron hasta cinco o seis mil pesos, que dudamos se hayan pagado hasta hoy, porque lo que hay de cierto es que, siendo ya Castilla presidente, fue varias veces reconvenido por el pago, prodigando por respuesta y como muestras de reconocimiento los más groseros insultos a su favorecedor.

El Tratado de Acora[29] abrió a Castilla y a los demás prisioneros de Ingavi las puertas del Perú.

VII.

Cuando el general Castilla llegó a Tacna, se organizaban dos ejércitos, uno en el norte a las órdenes del general don Juan Crisóstomo Torrico y otro en el sur, a las del general don Antonio Gutiérrez de la Fuente. El objeto de la formación de estas fuerzas era regresar a Bolivia para vengar el ultraje de Ingavi; el entusiasmo de los peruanos era grande y ciertamente noble y patriótico. Aun cuando muchos acusaran al general Gamarra de haber comprometido al país imprudentemente en una guerra nacional, ese jefe si

---

29 En realidad, llamado Tratado de Puno. Fue firmado el 7 de junio de 1842 en el distrito de Acora. Con él, se pone punto final a la guerra entre Perú y Bolivia, aunque el conflicto limítrofe seguiría vigente hasta décadas después.

efectivamente cometió una ligereza en la invasión boliviana, recogió en esos campos una gloria imperecedera; la batalla se perdió por las causas que hemos apuntado, pero él alcanzó la muerte de los héroes.

No fue, sin duda, llorada esa muerte por el general Castilla, como lo fue por los hombres de patriotismo que vieron en ella la obra maldecida de un traidor.

Los ejércitos destinados a reconquistar la honra nacional se sublevaron, casi simultáneamente, contra el gobierno de Lima. El general Torrico se invistió del mando por su propia autoridad y el ejército del sur proclamó por presidente de la república al general D. Francisco Vidal, vicepresidente del Consejo de Estado. Motivos más o menos plausibles se dieron para estas defecciones; protestas siempre ostensiblemente patrióticas se hicieron para santificarlas, pero el resultado fue que los ejércitos que debían marchar unidos a Bolivia, se movieron para combatirse el uno al otro. El general Castilla se plegó a la causa del general Torrico y no solo se batió en su defensa en Intiorco, sino que celebró un contrato para proporcionar a su caudillo dos mil fusiles que debían servir para el general Vidal o para el general Vivanco, cuyos partidarios habían ya emprendido trabajos. Vencedor en Intiorco, se fue a Moquegua y después a Tacna para promover en ambos puntos una reacción a favor del mismo presidente a quien el general Torrico había destituido del mando; aquellos pueblos desoyeron las sugestiones de Castilla, hasta el punto de haber sido batido y derrotado por los moqueguanos. Pasó entonces a Lima a ofrecer sus servicios a Torrico, después de la traición que acababa de hacerle; pidió bestias y una escolta para ir a reunirse a ese jefe que había salido a campaña, pero los medios de movilidad le fueron negados por el justo temor de que, incorporado al ejército, introdujera en él el desorden y la desmoralización, y por las desconfianzas que naturalmente engendraba su última conducta en Moquegua.

Aquella campaña terminó mediante la batalla de Agua Santa, en que la victoria se decidió a favor del general Vidal, que se encargó del mando de la república.

No fue largo su período; Castilla que estaba suelto en Lima y que había adoptado por sistema invariable de conducta el conspirar contra todo gobierno establecido, empezó a trabajar por la caída del general Vidal y, verificada en el sur la revolución a favor del general Vivanco, el presidente se vio precisado a resignar el mando en el Sr. Dr. D. Justo Figuerola, segundo vicepresidente del Consejo quien, sin duda, para atraerse a Castilla, le confió el Ministerio de la Guerra. No podía Castilla haber alcanzado mejor campo para sus trabajos, y no dejó de activarlos ayudado del poder que su colocación le prestara. Redobló sus esfuerzos y, cuando creyó llegado el momento, quitó a todos los jefes de los cuerpos para sustituirlos con aquellos con quienes estaba de acuerdo y en inteligencia desde antes. El mismo día en que se hizo el cambio de los jefes se verificó la revolución en Lima, pero sin que se le diera en ella intervención y haciéndola ceder en provecho del general Vivanco. Al otro día de consumado el movimiento, trabajó para una reacción en su propio provecho, pero fue descubierto y tratado con harta aspereza por el general don Juan Antonio Pezet.

El gobierno del general Vidal terminó por la sublevación del ejército que, conforme en opinión con todos los pueblos de la república, proclamó al general Vivanco. La exaltación de este caudillo fue la expresión uniforme del sentimiento nacional y no costó ni una lágrima ni un tiro.

El general Vivanco ejerció la autoridad suprema bajo el título de director; su gobierno era dictatorial y obligó a la obediencia a todas las clases sociales mediante la prestación de un juramento. Tal vez es esta la única ocasión en que Castilla no empleó la perfidia; fue bastante franco para negarse a jurar y para dar publicidad a sus trabajos revolucionarios jamás interrumpidos.

Estaba Castilla en Tarapacá cuando estallaron las revoluciones contra el *directorio*, encabezadas la una en Bolivia por los generales Torrico y San Román, y la otra en Tacna por el general D. Domingo Nieto y otros. Plegado Castilla a esta última, fue uno de los miembros de la Junta Gubernativa que se invistió del poder supremo proclamando el restablecimiento de la Constitución política dada por el Congreso, reunido en Huancayo en 1839, después de la batalla de Yungay.

No es el carácter del general Castilla aparente para subordinarse a la opinión ajena, ni para proceder de acuerdo con nadie, y pronto existieron serias desavenencias entre él y el general Nieto. Castilla concurrió a los encuentros de Pachía y de San Antonio, en que salió triunfante, y gracias a ese favor de la fortuna fue dueño de un ejército engrosado con muchos prisioneros. Desde entonces, se hizo general en jefe de las fuerzas y marchó para el Cuzco dejando al general Nieto en Moquegua. Salió después para Ayacucho y, aumentando siempre en fuerza, llegó a negar la obediencia al mismo general Nieto, presidente de la Junta. La muerte de ese general, sobre la que se han hecho comentarios que no reproducimos aquí, por no estar persuadidos de la exactitud de las causas que la motivaron, dejó a Castilla dueño de la empresa y le ofreció la oportunidad de ver realizados sus ensueños. A la sazón ocurría en Lima la más negra traición contra el directorio, consumada y encabezada por don Domingo Elías[30], a cuya lealtad había encomendado el general Vivanco la conservación de la capital; no es del caso referir las causales de esta perfidia, ni relatar los sucesos ocurridos durante los días en que Elías se creyó dueño de los destinos de la patria, pero es fácil calcular la influencia de este acontecimiento en el éxito de la campaña directorial.

En algunos ligeros ataques no fue feliz Castilla, pero un hecho que no podía haber entrado en sus cálculos lo hizo vencedor en el Carmen Alto. El general Vivanco había encargado a uno de sus tenientes la colocación de su ejército en posiciones aparentes para empeñar un choque al siguiente día; ese jefe no se limitó a llenar esta orden, sino que con el primer cuerpo que movió, inició el ataque, metiéndolo sobre la línea enemiga; cuando el general Vivanco y otros jefes que con él se hallaban a la distancia se apercibieron de la imprudencia cometida y del combate empeñado, se disponían a marchar al punto de los fuegos, pero ya era tarde; sus batallones habían sido destrozados en detall. Mientras tanto, el general Castilla, de cuya serenidad, valor y pericia militar nos ocuparemos después, no dio en esa batalla una sola orden; empeñado el combate, dijo a los jefes de sus cuerpos: «hagan ustedes lo que puedan», y nadie volvió a ver la cara del general en jefe hasta después de terminada la escaramuza, en que apareció por atrás de unos sauces, tirando a su caballo por la rienda.

Sería una obra de difícil terminación referir los desaciertos cometidos por Castilla durante la campaña, y más largo aún examinar sus determinaciones y discurrir sobre ellas; no pasaremos, sin embargo, en silencio, el famoso decreto

---

30 Domingo Elías Carbajo (1805-1867) fue un político y empresario peruano. Fue el primer candidato civil a la presidencia en las elecciones de 1845 y 1851. Estuvo encargado del gobierno brevemente, entre junio y agosto de 1844.

de guerra a muerte, en el cual, no solo a las autoridades militares sino hasta a los gobernadores y alcaldes de los pueblos, les era concedido el derecho de asesinar a cuanta persona siguiera la causa *directorial*. Entre los puntuales cumplidores de ese diabólico precepto, que en obsequio a la verdad y en pro de la honra peruana, aseguramos que fueron poquísimos, merece especial mención el presbítero Cordero, cura de Livitaca. Presentose en ese pueblo, con un cuadro, el capitán Quimper, perteneciente al ejército del general Vivanco; el oficial llevaba algunas alhajas de poco valor, pero que excitaron la codicia de aquel, que encontró medio de saciarla prestando al mismo tiempo un servicio a la causa constitucional. Dormía el capitán en su cuartel y el cura fue a despertarlo para invitarlo a un té: el desgraciado aceptó la invitación y, luego de que estuvo en casa del infame Cordero, le privó este de la vida a puñaladas, haciendo asesinar al mismo tiempo a seis u ocho de los veinte soldados que acompañaban a Quimper. Este hecho horroroso e infame que hubiera conducido al asesino al cadalso en cualquiera otra parte del mundo, fue meritorio y apreciable para el general Castilla, que premió a Cordero dándole el curato de Cabanillas.

VIII.

Terminada la campaña, entró a Lima el ejército constitucional, cuando el mando supremo había sido confiado al presidente del Consejo, en una junta de notables celebrada por invitación de D. Domingo Elías. Necesario era, con arreglo a la Constitución invocada, proceder a elegir a un presidente, y dos eran los bandos que disputaban la elección: el de Castilla, caudillo odiado por sus precedentes y por su carácter brusco y groseros modales, y el de D. Domingo Elías. El círculo de este personaje era estrecho y su partido poco numeroso; su traición estaba muy fresca en la memoria de todos y, hombre nuevo en la escena política, no era conocido sino por un afortunado contrabandista. Si se considera que acompañaban al primero el mando de un ejército y el prestigio de una victoria; si se advierte que pueblos como los del Perú aceptan los hechos consumados bajo su más engañosa apariencia, sin remontarse nunca al examen de las causas; si se fija la atención en que era una cosa resuelta por los sectarios de Castilla rebelarse contra cualquiera que fuese el elegido, si no lo era este, será muy fácil explicarse el triunfo eleccionario que elevó al conspirador de veinte años[31] a la primera silla de la república.

IX.

Como lo acabamos de ver ligeramente, la historia del Perú desde los primeros tiempos después de haber alcanzado su costosa independencia, está llena de lúgubres páginas. Revoluciones sucesivas que devoraban las entrañas de la patria se habían desenvuelto matando la esperanza de llegar a una época de paz y de bienandanza. Invertidos los caudales públicos en pólvora y en plomo, arrancado el ciudadano de su hogar para sostener los intereses de un caudillo, jamás pudieron desarrollarse los gérmenes de industria y de trabajo, ni radicarse en la sociedad peruana los hábitos de orden y de moralidad que hacen la dicha de las naciones. Las traiciones y los pronunciamientos desterraron del ejército ese honor distintivo del cuerpo encargado de hacer ciertas las garantías del ciudadano y, después de tanta lucha, después de tanta fatiga continuada, después de tanta sangre derramada por hermanos, después, en fin, de tanto caudal mal empleado, los pueblos, muertos de cansancio, lanzaron a una voz el grito de *¡paz!*

---

31 Se refiere al tiempo que Castilla lleva conspirando.

Paz pedía el labrador que en tanta guerra vio sus campos devastados; paz, el industrial que a cada paso tuvo que abandonar su taller; paz la viuda; paz el huérfano; y paz ofreció el gobierno llamado a establecerla bajo sólidas bases.

¿Cumplió, empero, su palabra? Dueño del país y en aptitud de dar a los acontecimientos un impulso favorable a las conveniencias nacionales, la historia de su gobierno, sin dejar de ser la de constantes pero malogradas conspiraciones, abrió para el Perú la época más espantosa. La corrupción y la perfidia fueron los resortes del gobierno; la inmoralidad cundió con presteza en todas las jerarquías y el Perú, nación harto infeliz, fue condenado a no alcanzar nunca su mejoramiento social y político.

X.

Establecido el gobierno del general Castilla y establecido en nombre de la Constitución, no solo se prestaron a servirlo los que se le plegaran durante la revolución, sino muchos de los hombres de valer que lo habían combatido, deseosos todos de sostener al gobernante que siguiese la ley por norma de su conducta y de oponerse al torrente de las revoluciones. Quedaba, sin embargo, fuera del círculo el nuevo hombre político, el que había empezado su alta carrera por medio de una insigne traición, el que organizaba un partido predicando guerra a los militares, no para llegar a la primera magistratura (por entonces) sino para hacerse temible al gobierno y convertir ese temor en medio de sacar ventajas pecuniarias. Ese hombre, a quien el lector habrá ya conocido, adoptó la política no para satisfacer su ambición, sino para saciar su codicia; dos veces ha vendido a sus partidarios a cambio de ventajosas concesiones que se le han hecho en el carguío del guano.

Los trabajos de Elías habían organizado una oposición que encontró eco hasta en los congresos, pero la deserción del jefe y la de otros individuos, motivada por distintas causas, quitaron al gobierno ese embarazo. Existía al mismo tiempo otro ser tan funesto para la patria como Castilla; otro conspirador sempiterno contra todo gobierno y constante traidor de todo hombre a cuyo servicio parece adherido. El mariscal D. Miguel San Román, compañero de Castilla en la campaña constitucional, ocupó después de ella el Ministerio de Guerra, del cual fue despedido con ignominia; sin este incidente hubiera siempre conspirado en su contra y, alentado doblemente por la ofensa y por el descontento que ya se manifestaba contra Castilla, fraguó una conspiración que fue descubierta y que motivó su prisión en la calle pública, ejecutada por gendarmes, a pesar de su alta investidura de presidente del Consejo de Estado.

Aumentaba diariamente el número de descontentos y se alistaban en los bandos de una oposición que parecía formidable, pero esa oposición necesitaba un caudillo; el general Vivanco, llamado a serlo como jefe del partido últimamente derribado, no solo predicaba a sus amigos la resignación y el sufrimiento, sino que no manifestaba ni la intención de regresar al Perú. Los afiliados en la oposición quisieron ponerse a las órdenes de los antiguos tenientes del general Vivanco, pero una era la tendencia de todos los hombres capaces de dar impulso a la oposición: sostener la paz y la quietud pública.

Debió a esto el general Castilla no haber caído antes de los seis años de su período constitucional: a esto solo, y no a la bondad de su gobierno.

Los actos gubernativos del general Castilla, los hechos que hablan con elocuencia contra su decantada honradez, contra la pureza de sus costumbres y contra su preconizada laboriosidad, darían abundante material para muchos y gruesos volúmenes; sin embargo, como importa a nuestro propósito considerar al hombre en todas las faces con que se ha presentado ante el Perú y bajo las cuales ha merecido la veneración de unos cuantos, será preciso no pasar por alto cuanto baste a llenar nuestra intención.

El único y no descuidado asunto del general Castilla cuando llegó al colmo de sus deseos y de sus trabajos revolucionarios, aquel a que consagró sus conatos y desvelos, fue el de conservar la autoridad y ensancharla hasta donde le fuera posible. Ante la importancia de este propósito nada valían las leyes de que se ofreció como custodio, ni la Constitución de quien apareció venerador. Ciertamente que limitado el poder supremo en esa carta, su ensanche no podía hacerse sin infracción de ella, y de tales infracciones tocaba conocer al Congreso que, en cumplimiento de su alta misión, estaba en el caso de contener al presidente en sus demasías. Necesario era, pues, corromper a los miembros de ese Congreso; preciso darles en premio de sus votos destinos lucrativos; y poco escrupuloso era D. Ramón para no tentar esos medios corruptores. Viose, sin embargo, en una crisis que pudo serle funesta, si pudiera contarse con que el patriotismo no fuera una falsa prenda de muchos peruanos; y cuando un testimonio elocuente de reprobación de los actos abusivos del gobierno se esperaba por la nación entera, vino esta esperanza a ser burlada por un *voto de indemnidad*[32] conseguido a propuesta de uno de los caudillos de la oposición parlamentaria, desertor de ella desde entonces. Flojo para el trabajo, pero aparentando ser infatigable en el servicio público, atravesaba con frecuencia los salones y corredores de palacio, llevando siempre en la mano papeles

---

32 Ley promulgada el 20 de agosto de 1849.

insignificantes, dando voces y prodigando insultos a cuantas personas tuviesen la desgracia de ponerse en su presencia. Para atraerse popularidad y acreditar que se interesaba en el bien de todos, señaló ciertos días de audiencia pública; llenábanse los salones en los primeros tiempos, pero bien en breve la brusquedad de modales y las groseras palabras que empleaba aun con las señoras, hicieron terminar las audiencias por falta de personas que las solicitaran. En vano pudo creer alguno que pidiese cualquier cosa por gracia o por justicia, que las súplicas o razonamientos moverían el corazón del presidente; semejante esperanza no podía durar sino hasta el momento de comparecer ante el *puercoespín*, que en contestación al más cortés saludo había de hacer sentir lo punzante de sus espinas.

Calificaba de *paja* todas las pretensiones particulares, cualesquiera que fuesen las razones de justicia que las apoyaran, y jamás quiso ocuparse de ellas a no ser por motivos privados. En vano lo solicitaban sus ministros para acordar los asuntos del despacho. Siempre inerte y siempre perezoso, si algo se hizo en tiempo de su mando debiose solo al esfuerzo y contracción [sic] de esos ministros. En los graves negocios, en aquellos en que era necesario el acuerdo y la discusión de todo el gabinete, hablaba horas enteras, pasaba sin concierto de unos hechos a otros, se cuidaba poco o nada del parecer ajeno y después de haber perdido dos o tres horas, dejaba de adoptar cualquier resolución. Solo era constante para una clase de ocupación: *el rocambor*[33]. Más de una vez el presidente desertó dos o tres días consecutivos de su palacio; dar con él era imposible y casi siempre pernoctaba fuera de su casa entregado a los naipes y a los dados.

---

33 Juego de cartas de origen español.

El Cúpido de Tarapacá.

El general Castilla creía que nada más debía a la patria que el placer de verse mandada por él, y que la nación progresaba mientras él recibía a las seis de la mañana un baño de lluvia y pasaba el resto del día en alegre sociedad con los rocamboristas.

Sin embargo, la inutilidad de Castilla no es mayor que su vanidad de ciencia y de capacidad.

Por el mero hecho de haber alcanzado la presidencia se ha creído docto en toda materia y abriga la pretensión de que nadie más que él es capaz de dar dirección a los negocios; así, se le ha oído decir con frecuencia que *no necesitaba ministros, sino simples amanuenses*, porque no ha encontrado ni encuentra hombres de suficiente saber para ayudarlo. Así, lo hemos visto presentarse ante el muy respetable Sr. Luna Pizarro, arzobispo de Lima, llevando bajo del brazo el *Concilio Tridentino*, para sostener con ese prelado una controversia verbal sobre los derechos del gobierno a los bienes de la Iglesia. Así, lo hemos oído discurrir sobre navegación y marina hasta el punto de merecer el apodo del *Nelson del Pacífico*[34]; así lo hemos visto, en fin, sin dejar de meterse en el terreno vedado a los hombres que no han adquirido jamás nociones de ninguna especie. No hay para ese hombre ninguno digno de compararse con él; todos son, en su concepto, imbéciles e ignorantes; todos impuros, todos cobardes. Jamás ha desplegado sus labios para hacer el elogio ajeno, pues presa constante de una devoradora envidia, tiene méritos para su odio cualquiera que los tenga para el aprecio público.

Pasemos ahora a hablar de esa honradez tan decantada y en la cual han creído neciamente muchos peruanos.

---

34 Apodo irónico en referencia a Horatio Nelson (1758-1805), vicealmirante británico que pasó a la historia por su victoria contra la flota napoleónica en la batalla de Trafalgar, en la que resultó herido mortalmente.

Castilla fue albacea testamentario de aquel Sr. Vidal en cuya compañía hizo en Tarapacá el contrabando de plata en piña. Entre los bienes testados contábase un crédito de 70,000 pesos contra el fisco; luego de que fue presidente, se hizo pagar en dinero esta suma, librándola contra diferentes tesorerías de la república y, sin embargo de esta cancelación, la cobró segunda vez en época de su consolidación. Ni en una ni en otra dio un solo peso a los herederos de Vidal, a pesar de la exigencia de estos y, cuando ya no era presidente, se vio forzado a hacer una transacción con el Sr. Mármol, representante de aquellos, quien vino al Perú con el solo objeto de hacer ese cobro y que estaba dispuesto a patentizar la conducta de Castilla. El arreglo se hizo en treinta mil pesos, de los cuales suplió ocho el comerciante de Lima D. Manuel Oyague y veinte mil D. Antonio Chacón, bajo la fianza y garantía de los Sres. Delgado de Lambayeque. Estos veinte mil pesos están aún por pagarse pues, aunque Chacón los exigió con frecuencia, no consiguió hasta su muerte sino contestaciones evasivas y que Castilla se ocultara de él. Como se une a las buenas cualidades del personaje la más negra ingratitud, los Sres. Delgado, en premio de su amistosa fineza, son hoy objeto del encono de Castilla.

El coronel D. Andrés Gamarra suplió al presidente de la república trescientas onzas de oro para cubrir una deuda de juego; el préstamo fue solicitado con aquellas palabras y protestas de gratitud con que se acompaña esta clase de pedidos. El general Castilla, al recibir el dinero, remitió a su acreedor una esquela en que confesaba haber recibido trescientas onzas en oro, o cinco mil cien pesos en plata, *salvo yerro u omisión*: más tarde, dio mil pesos a cuenta y, reconvenido por el resto, esquela en mano, negó que fuese el que se le exigía. El coronel Gamarra rompió en su presencia el papel y terminó diciéndole: «bien, general, no me debe Ud. nada».

Siendo subprefecto de Jauja el coronel D. Francisco Alvariño y habiendo llegado a esa ciudad el general Castilla, tomó prestado de aquel una suma de pesos, poco más o menos, de tres mil. El general Castilla había ofrecido al subprefecto dejarle una orden para que recogiese sus sueldos y amortizar así su crédito pero, al momento de marchar, solo le remitió autorización para cobrar una mensualidad. Poco tiempo después de haber dejado el mando, el Sr. Alvariño le escribió dos cartas de reconvención; contestó a la primera exigiendo el pagaré que nunca otorgó, y a la segunda, asegurando que nada debe y que, en caso de haber alguna vez existido la deuda, debía ya estar pagada. Hay una circunstancia muy importante en este asunto y es la de que, siendo presidente Castilla, había dicho reiteradas veces a Alvariño que tuviese paciencia y que pronto arreglaría sus cuentas con él.

Cuando el general Castilla estuvo en Chile durante el Gobierno de la Confederación, recibió servicios pecuniarios de un Sr. Flores, comerciante en Iquique, ascendiendo los suplementos a siete mil pesos. Era presidente D. Ramón, y el Sr. Flores, que se hallaba en Lima, quiso hacer a su antiguo amigo una visita. Atravesaba ese individuo uno de los corredores de palacio, divísalo Castilla desde el corredor opuesto y, sin conocer el objeto de la visita, se dirige a él diciéndole en altas voces: «ya vendrá Ud. a cobrarme: ya vendrá Ud. con impertinencias». El Sr. Flores, persona delicada y de sentimientos pundonorosos, fue muy sensible a ese grosero desaire que motivó, según se dice, su muerte en Valparaíso.

Nos abstenemos de citar otros muchos hechos de esta naturaleza porque los referidos, cuya exactitud es indisputable, bastarán para conocer que la honradez y la gratitud no son dotes del corazón del general Castilla. Los compromisos que ha contraído como particular, los servicios que ha recibido durante su desgracia y que por razón de la oportunidad fijarían el agradecimiento del hombre de honor, no dejan huella ninguna en la memoria de los que, como Castilla, se avergüenzan de la presencia del que alguna vez les hiciera un bien. No hay para este personaje, encumbrado por el capricho de la suerte, más deuda sagrada que la que trae su procedencia del juego; no hay para él otras personas apreciables y a quienes conceda o permita algún influjo que los que lo acompañan en sus vigilias.

¿Y qué mucho que, al tratarse del pago de alguna suma de importancia, recurra a negar que la debe, o a su grosera altanería? Ocho criados tuvo en el anterior período de su mando y la nación pagaba los sueldos de esa servidumbre. Los criados del general Castilla pasaban revista de comisario como individuos de tropa y el erario, sobre grandes defraudaciones, sufría aun la de ochenta pesos mensuales.

El prurito de apropiación no se limita, sin embargo, al dinero ajeno. También el deseo de ostentar prole, aunque procedente de torpes vínculos, hizo al presidente ordenar el rapto de un joven nacido bajo el matrimonio de la mujer a quien no solo corrompió, sino a quien difamó mediante ese rapto. El niño tenía la presunción legal de ser hijo legítimo no ciertamente de un general ni presidente; había sido reconocido y criado hasta la edad de siete años por el esposo de su madre, pero en el general Castilla podían mucho los deseos de aparecer como prolífico y privó a su presunto hijo de los honores de la legitimidad y de los de poder sostener la honra materna. El robo de ese niño, muy sabido en Lima, objeto de murmuración de los que conocían los sucesos y motivo de mil interpretaciones vulgares, dio origen a la voz harto propalada de que una compañía de genoveses robaba criaturas para hacer de ellas salchichones, y no hace mucho que las canciones populares se enriquecieron en versos con ese tema.

Mientras tanto, aquel que ha hecho siempre salchichas y salpicones de todo sentimiento honesto y decoroso, y quiso también hacerlo de la moral pública y de la honra de una desgraciada mujer, no fue otro que el general del Perú D. Ramón Castilla.

EL NELSON DEL PACÍFICO.

Corrieron cinco años de mando, perdiendo cada día más y más su crédito el restaurador de la Constitución, que así cuidó de ella y de respetarla y cumplirla como cuidó siempre de cumplir sus promesas. La terminación de su período era tan deseada que, a pesar del disgusto público y de la execración general de todos pueblos, las atenciones se fijaron en la cuestión eleccionaria, que principió desde un año antes de que la silla presidencial debiera ser ocupada por un sucesor. ¡Pero ay! abandonar el poder después de haber saboreado sus frutos durante seis años; soltar la autoridad que tanto sirve para vivir en medio de los goces de todo género; resignarse a la vida de simple ciudadano, renunciando al placer de dispensar mercedes y de saciar venganzas; exponerse a ver agotado el caudal propio en el rocambor sin que hayan arcas siempre provistas de qué echar mano; despojarse de la banda que tiene tantos atractivos y que sirve de poderoso amuleto para quitar los embarazos en las empresas de amor; quitarse las doradas alas de un cupido, para no descubrir sino la aleta negra y transparente de un murciélago; perder en un momento, porque estaba escrito en un ridículo cuaderno, una vida de caprichos y placeres: esto era una fuerte y cruda prueba a que el general no se resignaba sino con acerbo pesar. Código sagrado y venerando era aquel con cuya hipócrita invocación se abrieron los salones de palacio, los cofres de la nación y las ventanas de las bellas; miserable papel era ese mismo desde que ordenaba renunciar a esos salones, abandonar esos cofres y ver cerrarse esas ventanas.

Necesitábase para eso un corazón desprendido y republicano y no se había vaciado en tales moldes el del general Castilla. Una voz secreta le decía que el que pudo llegar sin títulos a representar un importante papel, podía también conservarse, sin ellos, en un elevado lugar, y que conspirar abajo para lograr una nueva ascensión era más inseguro que conspirar arriba para conservar el puesto.

Al ver no lejano el día en que poder, riquezas y devaneos iban a terminar para siempre; al considerar que caía sin prestigio y amigos y sin recursos bastantes para proseguir en la vida de sultán; al fijarse en que en vez de banda bicolor que ofuscara la vista de una hermosa, se fijaría esta en su quebrado semblante y en su erizado bigote, en los cuales estaba escrita su partida de nacimiento, una lágrima ardiente surcó las mejillas de esa víctima de la maldecida Constitución; hínchase su pecho, late el corazón presuroso y agitado el cerebro busca una idea salvadora. ¡Una reelección! imposible… La misma Constitución lo prohíbe... ¡Un golpe de Estado! imposible también: no hay ni opinión pública ni amigos influyentes... ¡Conspirar desde el puesto contra la paz pública! ¡ah! sí: ese era el camino: camino ya muy conocido y bastante trillado. Limpia el héroe de Ingavi su retostada frente, da refregones a sus bigotes y abriga en su corazón una esperanza; fallida salió esta por lo pronto, pero no importa: pasados dos años veremos quién puede más, *si la Constitución o el general Castilla.*

XI.

Al iniciarse las candidaturas para presidente de la república, no parecía muy disputada la elección; presentábase solo el general Echenique, dueño de un regular partido, al cual se habían plegado muchos amigos del general Vivanco, y D. Domingo Elías, cuyo círculo se componía de algunos comerciantes y de un reducido número de personas partidarias de la candidatura civil. Ningún plan había empezado a desarrollar el presidente esperando que se encendiese el fuego de los partidos y que los acontecimientos le marcasen una línea de conducta que lo condujera, en último resultado, a la retención del mando. No se hicieron esperar muchos los sucesos. El general Vivanco había regresado al Perú y, desde que se encontró en los pueblos del Norte, principiaron sus amigos a reunírsele y a trabajar por su exaltación. Llegado a Lima, adquirieron tal magnitud esos trabajos que su candidatura no podía menos que ocasionar grandes obstáculos a sus contendores. El presidente profesaba al general Vivanco un odio que jamás ha pretendido disimular y, tanto por esta razón, como por la de ver encendida la lucha, apareció protegiendo descaradamente la candidatura del general Echenique. El periódico oficial presentó a este caudillo como el candidato del gobierno y, desde el momento de esa presentación, escribió en particular el presidente a todas las autoridades de la república, encargándoles que hiciesen todos los esfuerzos posibles tanto para dañar al general Vivanco, como para favorecer a su adversario. Mudáronse en todos los pueblos a aquellos funcionarios públicos cuyas opiniones no se creían acordes con la del general Castilla y dispusiéronse todas las cosas de manera que la elección, sino se pronunciaba totalmente en favor del general Echenique, fuese al menos muy reñida.

La parte que los jefes de policía tomaron en las elecciones fue tan escandalosa que apenas pueden creerse los atentados cometidos; largo sería correr la vista a todos los pueblos y basta a nuestro propósito señalar ligeramente los abusos del intendente de policía de la capital de la república.

Desde un mes antes del día en que debían formarse las mesas, se sintió Lima invadido de un inmenso número de malhechores y de bandidos famosos que, como era natural, pusieron al pueblo en consternación; redoblábase cada día el número de crímenes y de excesos de toda clase, pero no por eso eran perseguidos los criminales, ¿ni cómo podían serlo, cuando todos ellos tenían un billete dado por el mismo intendente y una carta de ciudadanía en su bolsillo? Llegó a tal punto la profusión de esos billetes de seguridad que uno de ellos, así como una papeleta de ciudadanía, se encontraron al famoso criminal Juan Vásquez (a) Moño, muerto en los momentos de cometer un robo.

Llegó el día 17 de febrero de 1850, que era el señalado por la autoridad para dar principio a los actos electivos. Los recintos eleccionarios se volvieron otros tantos campos de Agramante[35]; larga, sostenida y cruenta fue la lucha de los partidos; derramose sangre hasta en los templos y se hicieron algunas muertes, pero como los vivanquistas sostenían el combate sin otras armas que las piedras que encontraban en las calles, y sus contrarios estuvieran provistos de puñales y de pistolas, es claro que aquellos fueron los mal parados en tan desigual pelea. Durante el fragor de esta, permanecía inactivo el gobierno y, cuando supo que las mesas se habían ganado por los echenequistas, hizo publicar un bando, mandando *suspender los actos eleccionarios en las parroquias donde no hubiesen terminado por la intervención de gente armada; quedando diferidos hasta el día 22.*

En este día preparábase el partido vivanquista a hacer valer sus derechos a fuerza, si con la fuerza se le disputaban por segunda vez, pero el general Castilla empezó también a manifestar la idea que ocultaba su plan de protección al general Echenique. Dentro del patio del cuartel de policía se hallaban dos coches; las plazuelas vecinas a los lugares de las elecciones estaban guarnecidas de fuertes piquetes de infantería y caballería. El presidente esperaba que la contienda principiara, que los hombres empezaran a matarse,

---

35 Expresión culta usada para describir un lugar de confusión y desorden.

para que la tropa invadiera los recintos y para apoderarse, al mismo tiempo, de los caudillos y hacerlos salir a cada uno en un coche para el Callao. El presidente habría dado como motivo de sus procedimientos, la infracción de la ley de elecciones y la alteración del orden público y, alejados del país los dos únicos jefes de partido, la perpetuación de Castilla era un hecho harto posible. Sin embargo, los hombres se apercibieron de la intriga y Castilla, en esa vez, vio fallida su esperanza.

Puede citarse como el más infame y original documento público el bando publicado por Castilla en el mes de marzo de 1850, después de terminadas las elecciones parroquiales, en el que *ordena que salgan de la capital los vagos y criminales que habían afluido a ella con motivo de las elecciones.*

La agitación de toda la república, si bien se hacía sensible por la multitud de periódicos que se escribían contra el gobierno y contra sus tenientes en las provincias, no hacía por ninguna parte explosión como lo deseaba Castilla ardientemente. Porque al mismo tiempo que de un modo oficial encargaba a las autoridades la más grande prescindencia y respeto a la libertad del sufragio, por otra, eficaz y encarecidamente los estimulaba, en sus cartas privadas, a no dejar de poner en ejercicio todo medio que contribuyera a la derrota del general Vivanco. Algo hubiera dado el presidente porque algún pueblo se sublevase, y harto hizo para exasperar al de Arequipa y lanzarlo al motín. Su plan de aparecer como el conservador de la paz pública, alejando a los candidatos a quienes se hubiera imputado el motín, no hubiera encontrado graves obstáculos en su desarrollo. Fecunda era, sin embargo, la cabeza del general Castilla; pero fecunda solo en arbitrios para llevar adelante las ideas que tienden a su perpetuación en el mando; un golpe de autoridad desnudo de todo pretexto, aun aparentemente racional, no era posible, y recurrió entonces al camino de la perfidia. Manifestando temer por el orden público, propuso a los caudillos legaciones para EE. UU. y para Europa, que fueron naturalmente rechazadas; entonces la idea de perpetuidad fue lanzada al público en un artículo publicado en *El Comercio* con el título de «Un expediente y un hombre», escrito, según se dijo, por el Dr. D. José Manuel Tirado, en el mismo gabinete, y contestado por el Sr. Dr. D. Manuel Toribio Ureta. El artículo entrañaba la intención de convencer al Perú de que el único modo de salvar el país de una crisis, o tal vez de una revolución, ocasionada por el fervor de los partidos, era acogerse al general Castilla y conservarlo en el mando; el Dr. Ureta, entonces vivanquista y escritor de oposición, desnudó esta intención de la máscara hipócrita con que se presentaba y reveló la iniquidad del que la abrigara.

Hasta entonces no existía, a pesar de las tentativas burladas de Castilla, motivos para creer que hubiese dejado de sostener la candidatura del general Echenique; pero algo más tarde, cuando creyó preparado el terreno, empezó la guerra entre estos personajes; guerra al principio sorda e indirecta, más tarde sostenida por parte del presidente con la más exquisita perfidia.

¿Por qué, se nos preguntará, hizo tanto el presidente en favor del general Echenique, si no tuvo verdadera disposición de servirlo hasta entregarle el mando? ¿Para qué haber comprometido a las autoridades departamentales y a los particulares influyentes a que trabajasen por un hombre al que no estaba sinceramente unido? Vamos a dar a estas preguntas la contestación que ha dado la posterior conducta de Castilla.

Importaba mucho a este que no se verificara una elección pacífica que echara por tierra su propósito de no entregar el mando; libres los pueblos, quizá el general Vivanco hubiera sido el agraciado con la mayoría de sufragios y convenía a todo trance evitar este caso. Castilla reputaba más fácil empezar a combatir después mano a mano con su favorecido Echenique que con el general Vivanco y dirigió por tanto todos sus conatos a poner a este fuera del campo. ¿Pero cómo deshacía después su obra? ¿Cómo anularía la elección de Echenique?

Vamos a verlo.

Habíase combatido la aptitud legal del general Echenique para ser presidente, entre otras razones, con la de no haber nacido en el Perú; fue tratada esta cuestión con tal ardor que surgieron de ella motivos serios para no pasarla desapercibida. No era el presidente quien dejara escapar una prenda de tal importancia; si el general Echenique ganaba la elección, con someter a duda su nacionalidad, había al menos cómo aplazar, para largo tiempo, la entrega del mando. Agitábase, además, otra cuestión sobre vencimiento de término constitucional tratada por los periódicos y sometida a la decisión del Consejo de Estado por el colegio electoral de Arequipa. Otra mina era esta que no dejaría de explotarse por el presidente. Cuando creyó que ya era tiempo de quitar los andamios y esperaba ver desplomarse el edificio de que él había sido el principal constructor, grande fue su admiración considerando que su obra había adquirido tal solidez que no estaba ya en su poder derribarla; la candidatura que necesitó de su auxilio e influjo para elevarse hasta cierto punto había avanzado más de lo que él quisiera; los hombres tenían ya compromisos directos con el general Echenique; los diputados últimamente elegidos no pertenecían al general Castilla; su plan era irrealizable, pero no por eso dejó de hacer las últimas tentativas.

Habíase insistido en los escritos de oposición al general Echenique en la necesidad de reunir un congreso extraordinario que fallase sobre las diferentes cuestiones de hecho y constitucionales promovidas durante la elección; mientras el general Castilla no encontró nada de provechoso para sí en esta idea, no dio las menores muestras de aceptarla; creyó al último que sometiendo al Congreso las cuestiones de período presidencial y de nacionalidad podía, a lo menos, retener el mando por tres meses, e inventar durante ellos el modo cómo hacer prolongada esta retención, y por virtud de esta creencia dispuso hacer la convocatoria al Congreso. El Sr. Mar, entonces como ahora ministro de Gobierno, que había fluctuado entre el echeniquismo y vivanquismo, y que seguía sumisamente las disposiciones del presidente, encargó a ciertas personas la redacción de esta convocatoria y, como esas personas fuesen desafectas en política al general Echenique, el decreto comprendió, como objetos de deliberación parlamentaria, todos aquellos puntos que más podían dañar a aquel caudillo.

Para formar una cabal idea de la hipocresía de Castilla, será oportuno transcribir aquí, literalmente, las palabras de su mensaje, con que sometió las cuestiones al conocimiento de las cámaras:

«Un profundo estudio de la Constitución, un prolijo análisis de cada una de sus partes, convenció al Gobierno de que la situación en que nos encontráremos el 20 de abril, es, por decirlo así, tan excepcional, tan extraña a las reglas constitucionales, que ni aun por analogía se le puede aplicar ninguna de aquellas que determinan los casos en que otro funcionario deba reemplazar al presidente de la república.

«La Constitución individualiza esos casos en que vaca de hecho o de derecho la presidencia, a saber: muerte, pacto atentatorio, renuncia, perpetua imposibilidad física o moral y término del período constitucional; y dispone que, en cualquiera de los cuatro primeros, se encargue provisionalmente del poder ejecutivo el presidente del Consejo de Estado, quien convocará los colegios electorales dentro de los primeros diez días de su gobierno, para la elección de presidente.

«Mas para el caso de haber concluido el período constitucional, determina también la carta las dos únicas circunstancias en que el presidente del Consejo deberá encargarse del poder ejecutivo; esto es, cuando por algún accidente no se hubiese hecho la elección y mientras ella se practica, o mientras llega el ya electo, si acaso estuviere fuera de la capital.

«Ni una ni otra de estas dos situaciones será la del 20 de abril, porque el período natural va a terminar cuando todos los colegios electorales de la república han hecho su elección para nuevo presidente, y porque no hay motivo para presumir que se hallará ausente el electo.

«Acabo de presentar a vuestra vista la grave dificultad que solamente a los legisladores es dado remover: la Constitución no ha designado la persona que deba encargarse del mando supremo de la república, desde el 20 de abril hasta que reunida tres meses después la legislatura ordinaria, proceda a perfeccionar, bajo las formas prescritas, la elección que han concluido ya por su parte los colegios.

«Pero habiendo resonado por todo el territorio el ruido de la disputa sobre la cuestión de nacionalidad, suscitada y sostenida con encarnizado ardor, el mismo presidente del Consejo reconoció la necesidad de quitar de la mano a sus adversarios un arma con que no solo le hacían cruda guerra de presente, sino que habría de ser de más peligroso efecto en lo venidero, cuando concluida y perfeccionada la elección, llegara a posesionarse del mando. Para entonces ya no habría medio de conciliar la dificultad, todo esclarecimiento fuera tardío y era menester resignarse a todas las contingencias de una falsa posición: lo que antes se había reputado impedimento para ser electo, se convertiría después de la posesión en nulidad insanable y el presidente de la república se encontraría muy luego en una de aquellas situaciones excepcionales, en que es muy posible sucumbir de pronto, sino se apela a las medidas violentas y estrepitosas para abismarse algo más tarde entre las ruinas del edificio social.

«Mas, por muy claras y convincentes que sean estas razones, el Consejo de Estado, a quien ocurrió su presidente, reconoció, sin duda, su incompetencia para resolver en materia tan ardua y la cuestión quedó, por su propia naturaleza, sometida al único poder competente: el Congreso Nacional. Ha llegado, pues, la hora en que, si los tenéis a bien, declaréis sobre la nacionalidad del candidato a la presidencia de la república, a quien sus adversarios políticos imputan no haber nacido en el Perú; y toméis también oportunas medidas para evitar en lo futuro cuestiones de esta naturaleza, tan capaces de alterar la tranquilidad del Estado.

«Expresadas mis ideas con la brevedad y precisión posibles, reconoceréis, legisladores, mi patriótico deseo de legar a la nación paz inalterable y de que el alto magistrado que ha de reemplazarme en el ejercicio del poder quede exento de azares y vaivenes durante el período constitucional que va a principiar, y que su posición sea segura e inaccesible a las empresas y ataques de la sedición y la anarquía. Creo interesadas mi reputación y hasta mi amor propio en el tranquilo y próspero porvenir de la república; porque de la continuación de la paz y el orden depende la duración de los bienes que hasta aquí he podido procurarle y la adquisición de otros mayores; porque no quiero ver reproducidos en mi patria los pasados trastornos de pavoroso recuerdo, puesto que la fortuna al fin se cansa de prodigar sus dones a los que los desprecian y malversan. Ningún otro interés puede mover a quien, fatigado ya por las penosas e incesantes tareas de la administración pública, ve con alegría aproximarse el momento en que la ley le ordena que deje de mandar y que empiece a obedecer. Dignaos designar cuanto antes el funcionario que haya de gobernar la república desde el 20 de abril, que debéis proclamar o elegir desde luego; y apresuraos a dictar resoluciones que también para lo sucesivo hagan cesar los inconvenientes e irregularidades del ya indicado vacío, y designar el funcionario que, en casos como el presente, haya de encargarse del mando supremo, siempre que concluya el período constitucional. Dignaos afianzar con acertadas decisiones la futura tranquilidad del Estado. Yo quedo, desde ahora, libre del grave peso de responsabilidad que me agobiaba».

Vemos a Castilla acreditar desprendimiento y manifestar complacencia por retirarse de la vida pública, pero ese desprendimiento era simulado, fingida esta complacencia, porque en el momento mismo de leer su mensaje abrigaba pretensiones de ver si era posible hacer declarar nula, por alguna causa, la elección del general Echenique.

En ese mismo mensaje se despide el presidente de los legisladores, *jurando una ejemplar obediencia a la suprema autoridad, en todo tiempo*, y haciendo votos por la prosperidad de la república; ya veremos en qué ha consistido esa *ejemplar obediencia*; ya veremos cómo ha propendido a esa prosperidad.

El Congreso, como lo hemos dicho antes, no pertenecía ya al presidente aspirante; sus tramas y artificios no le produjeron ningún resultado provechoso y, bien mal de su grado, se resignó a entregar la banda el 20 de abril de 1855[36].

Merece un especial recuerdo la proclama que en el mismo día dirigió al ejército el general Castilla; encárgale en ella *obediencia y sumisión al nuevo presidente* y le recomienda que se mantenga siempre leal y defensor de las instituciones: y ese mismo hombre, tres años después, acusa la lealtad de traición y castiga a los que fueron cumplidores fieles de su postrer mandato[37].

XII.

Levantose el nuevo gobierno con todos los serios inconvenientes y graves obstáculos para una marcha arreglada, que eran de esperarse ya por la naturaleza de los actos eleccionarios a que debió su exaltación y ya por consecuencia de los manejos de Castilla. Varias tentativas de revolución amenazaban no hacer pacífico el mando del general Echenique, pero descubierta la que debía estallar, encabezada por el mariscal San Román, y separado este del país, parecía conjurada la tempestad y probable que el nuevo presidente llegara a la terminación de su período constitucional.

---

36 Error de Manuel Atanasio Fuentes, el año correcto es 1851.

37 En el artículo «¡Esto sí que tiene gracia!», publicado en un número de *El Murciélago* de 1855 y recopilado en *Aletazos del Murciélago* (1863), Fuentes desarrolla con más detalle esta crítica: le parece irracional que el gobierno revolucionario de Castilla castigue la lealtad del ejército.

Castilla había bajado sin prestigio y sin amigos, y algo más aún: sin caudal. El Congreso ordenó que se le entregasen en dinero cuarenta y cinco mil pesos, que apareció alcanzar por razón de ajustes; tenemos evidencia y podemos asegurar que la liquidación de esos ajustes ha sido falsa: que ellos no han aparecido, ni aparecen hoy comprobados en ningún libro de las oficinas de Hacienda, y que el hacerlos resultar como efectivos ha sido una de las pruebas de pureza dadas por Castilla en el tiempo de su mando.

Pero esa suma no era nada en manos de un hombre que perdía en una noche enormes cantidades; así fue que, al poco tiempo de haber pasado a la vida privada, se encontró pobre, endrogado[38] y sin crédito; notorio es el hecho de haber solicitado del comerciante D. Pedro Candamo un préstamo de diez mil pesos con la hipoteca de la finca que posee, y notorio también que Candamo, sabedor de las muchas deudas de Castilla, se negó a prestarle esa suma.

¿Podía el expresidente resignarse a esa vida de angustia después de haber disfrutado largo tiempo de las comodidades que el mando facilita? ¿Podía haber olvidado su prurito de conspirar? No, sin duda. Pero faltaba un pretexto y le faltaban amigos y prestigio. Empezó por lo pronto a murmurar en privado del presidente y de sus ministros; calificábalos de desacertados e incapaces y no desperdició la primera ocasión favorable para hacer pública esa calificación y para censurar la conducta del gobierno.

Organizose en el Perú la cruzada militar con que D. Juan José Flores quiso llevar la guerra al Ecuador; la prensa de Lima acusaba al gobierno de complicidad, o al menos de desentendencia, en ese proyecto, y el general Castilla

---

38 Endeudado.

espontáneamente pasó un oficio al encargado de negocios de esa república, residente en Lima, manifestando su reprobación a la conducta del gobierno. En ese oficio decía, a propósito del general Flores: «nunca he sido amigo de la política de ese general», y hacía cargos al gabinete del general Echenique por consentir en el Perú al enemigo de la independencia americana. ¿Y qué se dirá de la fuerza de Castilla en sus convicciones cuando se sepa que Flores ha regresado al Perú, después de la última revolución? Y no que regresó como quiera, sino que su entrada al territorio produjo contestaciones formales entre el representante del Ecuador y el ministro de Relaciones Exteriores del Perú y hasta la interrupción de la armonía entre los dos Estados, por la violenta retirada del ministro ecuatoriano.

El que antes hacía recriminaciones por la permanencia de Flores, no solo consintió después en ella, sino que se la hizo más cómoda, proporcionándole de los fondos públicos una renta mensual de cuatrocientos pesos.

Más tarde, algunos acontecimientos hicieron nacer el descontento contra el gobierno del general Echenique; pero muy distantes estaban los pueblos de pensar en revolucionarse. D. Domingo Elías trabajaba, sin embargo, por derribar al hombre a quien con frecuencia se humillara y de quien recibía todo género de servicios. Pero Elías era personaje sin prestigio militar y, antes por el contrario, despreciado por el ejército, no podía por sí solo llevar adelante sus planes sediciosos. Uniose a Castilla aunque entre ambos hubiera una espesa barrera de odio y, si bien pudieron aparecer ligados para una conspiración, no por eso se habían perdonado sus recíprocas ofensas, ni había cambiado la opinión que el uno tenía del otro.

Castilla aceptó, desde luego, las invitaciones de Elías, pero conociendo que ni su nombre ni el de su coligado bastarían a excitar la opinión pública, ni a mover a los pueblos, empezó a solicitar a los amigos del general Vivanco y a hacerles entender que por su edad, por su cansancio físico y más que por todo, por no considerar capaz de regir el país con acierto sino a este general, estaba dispuesto a trabajar por su elevación. Las cosas llegaron a punto de que la Sra. de Vivanco fuese invitada por Castilla para una entrevista que se realizó en efecto, quedando encargado el canónigo Tordoya de poner su resultado en conocimiento del general Vivanco. Todo esto no era sino una trama para hacerse de los hombres sin cuyo nombre y cooperación nada hubiera podido conseguirse. Estaba comprometido en la conspiración el general Deustua, entonces gobernador del Callao y a cuya disposición había alguna fuerza militar, y hubiérase realizado en el Callao o en Lima la revolución, si ese general no se hubiese retraído por el remordimiento nacido de la consideración de los servicios y amistad que debiera al presidente.

Elías, de acuerdo con Castilla y conduciendo una carta de este para el subprefecto de lca, coronel D. Mateo González Mugaburu, había marchado a esa provincia donde se dio el primer grito de rebelión, desconociendo al gobierno, organizándose una junta departamental y nombrándose general en jefe a Castilla. Como la sublevación se reputase por este como un hecho leve, aparentó no haber tomado parte en ella y antes sí protestó de palabra al general La Fuente, ministro de Guerra, su ninguna participación en ese suceso, y su falta de voluntad para entrar en acuerdos con el *pícaro, sambo, aguardientero*[39] (Elías). Este, no obstante,

---

39 Domingo Elías fue un importante empresario agricultor, productor de vino y aguardiente, entre otros productos.

pasó un oficio altanero en que, faltando a la subordinación como militar, exponía al gobierno que *no sacaría su espada ni para combatir a los pueblos que empezaban a negarle la obediencia, ni contra el ejército.*

El suceso de Ica terminó con el hecho de armas de Saraja, en el cual triunfaron de Elías las tropas del gobierno.

El mismo día de la batalla de Saraja, es decir, el 7 de enero de 1854, la voz de revolución se dejó oír en Arequipa; sublevose esa población por obra de los comisionados del Dr. D. Manuel T. Ureta.

Preciso es aquí contener la relación para consagrar unas cuantas líneas al Sr. Ureta.

Este doctor, que tan alto papel ha representado en la revolución, se había hecho conocer como un hombre de vasta capacidad, alcanzando grande reputación como diputado. Puesto en mala inteligencia con el general Echenique desde la época eleccionaria, había logrado anudar la antigua amistad que con él lo ligara, y aun le fue entonces ofrecida una cartera. Pero la ambición de este personaje no se limitaba a hacerle desear un ministerio; ansiaba por tener en la cosa pública tal influencia, que él solo fuera el resorte esencial de la política, para ponerse en aptitud de optar la presidencia de la república, punto hasta donde tenía elevada su vista. Si la revolución, en cuyos trabajos estaba empeñado, producía un favorable resultado, era fácil conseguir esos propósitos, pero poniendo al frente una persona al mismo tiempo que manejable, detestada. Razón fue esta por la que Ureta, que debió su crédito, su reputación y su fama al general Vivanco, que lo sacó de la nada a la vida pública y que lo colocó en destinos de alguna categoría durante su mando, no se entendió de una manera franca con su antiguo caudillo; no lo inició en todos sus trabajos y parecía ligado más que a nadie a Castilla como al hombre más aparente para ser abatido en el momento mismo de elevarse. Pero la revolución no era tan potente por lo pronto que pudiera un hombre de mala fe afiliarse de frente en ella; si fracasaba, corríase un grave riesgo. Ureta entonces se acogió al sistema de los pérfidos; al mismo tiempo que escribía a todos sus amigos de la república estimulándolos a la sublevación, al mismo tiempo que se ocupaba en seducir militares, iba a ofrecer su amistad y sus servicios al presidente y a hacerle las más solemnes protestas de fidelidad.

El Dr. Ureta, arequipeño y reputado en su pueblo como el más constante partidario y colaborador del general Vivanco, tenía la suficiente influencia para operar el movimiento, y debiose la sublevación a esa influencia, como lo hemos dicho antes. Al cabo de algún tiempo tuvo el gobierno datos evidentes y pruebas incontestables de que Ureta conspiraba y, apoderándose de su persona, le dio después soltura por la mediación de un ministro extranjero para que se fuera a Guayaquil. Ureta había empeñado por escrito su palabra de honor de no tomar parte en la política si se le permitía salir del país, pero esa palabra fue cumplida viniéndose del Ecuador con útiles de guerra, a incorporarse al ejército revolucionario.

Cuando se sublevó Arequipa, no se invocó para nada el nombre del general Castilla, ni podía ser de otro modo no contando él allí sino con el odio popular más pronunciado; durante el tiempo de su mando había oprimido a esa población, la había hecho derramar varias veces su sangre y, por último, se había opuesto a la elección del general Vivanco en cuyo obsequio había sufrido tanto y vertido esa sangre. Los revolucionarios celebraron su acta nombrando un comandante general del departamento y encomendando el gobierno a una junta que tuvo poco tiempo de existencia.

Mientras tanto Castilla en Lima negaba con empeño su connivencia con los revolucionarios y llegó a punto de pedir al gobierno licencia para marchar a Tarapacá. La licencia le fue concedida, pero algo después tuvo el presidente evidencia de sus trabajos sediciosos y, para evitar su prisión, fugó al Callao, ayudado del encargado de negocios de Francia, Sr. de Ratti-Mentón, partidario y activo agente de la revolución. Embarcose en un vapor y se hizo conducir a una de las caletas del sur, próxima a Arequipa.

Castilla había anunciado su marcha por medio de dos cartas en que decía que iba a correr la suerte de los arequipeños y a borrar con este paso las prevenciones que existían en su contra. Fue recibido porque, empeñado el pueblo en lucha con el gobierno, falto de un caudillo que diese dirección a sus trabajos y temeroso de la no venida del general Vivanco, estaba en una situación tan comprometida, como difícil y riesgosa por la presencia de una fuerte división sitiadora.

Castilla fue, pues, aceptado, pero no recibió del pueblo cargo alguno; solo el coronel Albizuri, comandante general del departamento, le confirió de autoridad propia el mando en jefe de las fuerzas.

A su llegada, dijo Castilla a las personas que salieron a recibirlo al camino, entre las que se encontraba el coronel D. Mariano Masías, que *había ido solo con el objeto de hacer una capitulación honrosa para los sublevados*, porque tenía la creencia de que la revolución fracasaría; pero cuando vio la división organizada por la espontánea prestación de los ciudadanos, cuando creyó posible llevar adelante la empresa, no trató ya de capitular, sino de aprovecharse de esa fuerza como primer medio para apoderarse del mando.

Sin embargo, preciso le era encubrir sus intenciones por algún tiempo y ganar aprecio entre los arequipeños y teniendo, como tiene, un exquisito talento para aquello que puede conducirlo al logro de sus miras ambiciosas, no perdía ocasión de decir a todo el mundo que *estaba de acuerdo con el general Vivanco, quien debía llegar de un momento a otro de Valparaíso*. Cuando se presentaba en los lugares donde los hombres del pueblo levantaban trincheras, «trabajad, trabajad» les decía, «esto es para vuestro ídolo; pronto lo tendréis aquí».

En una reunión numerosa de personas decentes, dijo Castilla: «yo no he venido a mandar, ni lo deseo, ni puedo pretenderlo; solo he venido a reparar el daño que por error he causado a la república poniéndola en manos de un lobo que la devora; me equivoqué, sin duda, pero con sana intención, creyendo acertar; no por eso se debe dudar de mi patriotismo y de la pureza de mis intenciones, el general Vivanco llegará pronto, sus mejores amigos obran de concierto conmigo», etc.

En estas palabras, de cuya exactitud puede dar fe un pueblo entero, confiesa Castilla que se equivocó en la elección de su sucesor y, aun cuando hayamos ya expuesto la intención que tuviera al protegerlo, no es menos fuerte el cargo que de esa confesión se deduce. Cargo que, comparado con las protestas hechas por Castilla en sus mensajes a las cámaras y con las órdenes oficiales dadas a los dependientes del Ejecutivo sobre prescindencia absoluta en materia de elecciones, habla con harta elocuencia sobre la pérfida conducta constantemente observada por Castilla.

Él se había ya hecho o presentádose como el caudillo de una revolución contra el gobierno constitucional y legítimo; él, que había dicho a los Congresos de 1850 y 1851:

«[...] Recibid estas palabras no como la falaz invención del hombre que manda, sino como la ingenua y desinteresada confesión del hombre que va a *empezar a obedecer*, del hombre que va a descender de la primera magistratura el año de 51, del hombre que apetece la llegada de este plazo como la del término de sus fatigas y como la época feliz en que sellará con este acto la serie de actos constitucionales del período de su presidencia, y que dará un testimonio de su *ardiente y sincero amor a las instituciones* a todos los que tengan por un principio inconcuso de política, dudar del *desprendimiento* de los ciudadanos que ejercen el poder.

«[...] Yo, al dejar de ser el primero en el orden jerárquico de los funcionarios, cifraré la mía (gloria) en ser el primero que aplauda en el futuro presidente el acierto con que lleve al cabo las mejoras que yo no he podido realizar en beneficio de mi patria, y el primero también en hacer ostentación de los sentimientos de orden y de patriotismo que forman el cimiento más sólido de la autoridad pública y de las instituciones.

«[...] Protesto con *toda la lealtad de mi corazón y con toda la energía de mi voluntad*, mi respeto y deferencia a vuestras decisiones, *mi ejemplar obediencia a la suprema autoridad en todo tiempo* y los más vivos deseos por la prosperidad y gloria de la república».

Hemos copiado textualmente estos fragmentos, cuyo contenido rogamos al lector tenga presente, para que compare estas hipócritas y fementidas protestas de desprendimiento de patriotismo, de amor al orden y de obediencia a la autoridad, con la conducta posterior del hombre que las hizo de un modo solemne ante la nación representada; para que se calcule el insolente atrevimiento del soldado que así falta a su palabra como se burla de un pueblo entero cada vez que convenga a su ambición; para que se vea al mismo hombre *elevando y rindiendo culto* en 1844 a la Constitución de Huancayo[40], combatiendo la dictadura del general Vivanco y pisoteando en 1854 esa adorada Constitución y al gobierno conforme a ella establecido, para elevarse él mismo hasta la más ilimitada dictadura.

Positivamente es necesario que los pueblos del Perú hubiesen estado en una triste demencia para considerar al general Castilla como hombre capaz de llevar adelante una empresa verdaderamente patriótica y desinteresada; era preciso haber cerrado los ojos a la luz, borrar de la memoria mil recuerdos recientes para creer que una revolución que levantó su bandera con la divisa de la *moralidad*, podía ser llevada a cabo, en cuanto a sus laudables fines, por el sempiterno caudillo de la inmoralidad. Oprímese el corazón, confúndese la inteligencia y cae el ánimo en profundo desaliento al considerarse la incesante desgracia de una república conducida a pasos de gigante hasta el último grado de la humillación y de la ruina. Es en ella el patriotismo planta disecada que no reverdece ni con las muchas lágrimas, ni con la abundante sangre que cada revolución cuesta; es el espíritu público una cosa inexistente y que, cuando aparece, se manifiesta siempre, o casi siempre, extraviado; es, en fin, el Perú el triste asilo de una porción de la especie humana condenada a desear y a padecer.

¿Qué es entre nosotros el gobierno? Una facción sobrepuesta a otra facción, dueña la una de los destinos y riquezas, privada la otra de los bienes de la libertad y de

---

40 Se refiere a la Constitución promulgada en Huancayo en 1839.

la justicia. Así existe siempre el germen del descontento y de la revolución. Con pueblos incultos y atrasados y en cuya civilización jamás se piensa; con hombres, en estos pueblos, de intenciones dañadas y que tienden a ejercer en ellos un influjo corruptor; con la incesante aspiración de todo hombre de poco o mucho mérito a alcanzar altos destinos, no por cuanto en ellos puede servir a la patria, sino por cuanto dan una colocación elevada y una crecida renta; con la acción gubernativa casi siempre corruptora y nunca represiva de la inmoralidad, ¿cómo podrá entrar el país en el sendero del orden, ni alcanzar esa paz duradera que no puede existir sino descansa en la justicia, en la libertad bien entendida, y en el respeto a la ley? ¿Qué es un país donde las instituciones resucitan y mueren a la simple voz de un hombre, que necesita mandar con leyes o sin ellas? Por mucho que se diga que estas reflexiones nacen del espíritu de partido, ellas se ejercen sobre hechos del dominio del mundo entero. ¿A dónde se oye mentar el nombre del Perú, que no se le titule, con razón, el país de las revueltas?

Sin embargo, hombres hay y no pocos, que ven con estoicismo y frialdad pasar estos acontecimientos sin sentir desgarrado su corazón. Muchos, para quienes la política es el medio de llegar a figurar; muchos para quienes el destino de la patria es nada; muchos para quienes el patriotismo es una palabra que nada significa; muchos, en fin, que viven degradados y contentos porque esa degradación les es fructífera.

Mucha parte de los males que ligeramente hemos apuntado nos vienen de un hombre, nacido al parecer por dejar de mandarnos solo con su muerte, y para legarnos por siempre desgracias y prostitución, ese hombre es *Castilla*.

XIII.

Aunque dueño el general Castilla de la fuerza de Arequipa, no lo era de la opinión de ese pueblo ni menos de la de toda la república; ni podía emplearla como medio para arrogarse el poder e investirse del mando, porque la fuerza misma, al ponerse a sus órdenes, no creyó servir sino la causa de la revolución y no la de Castilla.

Preciso era, pues, proceder a otros manejos y obtener por otros medios lo que no podía alcanzarse por la popularidad y menos por la fuerza. Como primera medida sacó Castilla la división de Arequipa con el pretexto de apoderarse de la caballada del gobierno que se alejaba por la costa de Camaná y, llegando a Cotahuasi, se demoró 57 días en ese pueblo hasta saber el resultado de las maniobras que debía emplear en Arequipa el fraile exclaustrado D. Juan Gualberto Valdivia, encargado de negociar el acta de ese pueblo.

Aunque sea ajeno del objeto de este escrito, diremos dos palabras sobre el personaje que acabamos de citar.

El P. Valdivia[41], conocido de Arequipa por un religioso ignorante e hipócrita, pero ostentando un estúpido fanatismo para alcanzar popularidad entre las beatas y la plebe, ya que no le fuera dable ganarla entre los sensatos, escribió una obra titulada *Historia de Arequipa*[42]. Cuanto corresponda el título a la naturaleza del escrito, ni es fácil ni podemos adivinarlo. En un estilo tan desgreñado como incorrecto, refiérense nada más que sortilegios y apariciones de demonios y

---

41 Juan Gualberto Valdivia Cornejo (1796-1884) fue un eclesiástico arequipeño, también conocido como Deán Valdivia. Estuvo muy involucrado en la vida política del país y fue participante activo de diversas conspiraciones y revoluciones. Es también autor de un texto biográfico sobre Ramón Castilla, de quien fue amigo.

42 *Fragmentos para la historia de Arequipa* (1847). Imprenta de Mariano N. Madueño.

espíritus infernales; la más crasa ignorancia campea al lado de las más torpes exageraciones y falsedades. Esta obra fue la primera con que el fraile Valdivia quiso ganar la fama de entendido literato, recogiendo en premio el desprecio de toda la gente de sentido común.

Fue después secretario de la comisión encargada de tratar sobre la intervención boliviana en la guerra civil de 1835, y cuando la patria tuvo que llorar el asesinato cometido en el general Salaverry por un conquistador extranjero, encontró este crimen un ardiente apologista en el fraile Valdivia.

Escribió entonces un periódico titulado *El Yanacocha*, cuyo espíritu era de pura adulación para el general Santa Cruz: en una serie de artículos santificó la muerte de Salaverry, pintándola como necesaria para la salud de la patria, tributó incienso a sus verdugos y pretendió demostrar las tendencias tiránicas de Salaverry remontándose hasta los actos de la vida infantil de ese malogrado caudillo.

Más tarde, abatido el gobierno del general Santa Cruz y establecido el de la *restauración*, se veía al mismo Valdivia manifestarse enemigo encarnizado de aquel a quien aduló hasta la bajeza; manifestaba a todas las personas que le visitaban la casaca que el general Salaverry tenía puesta el día que cayó prisionero; hacía la triste memoria de ese desgraciado peruano, derramando abundantes lágrimas de aflicción y de ternura y, por último, remitió al gobierno esa preciosa reliquia del general peruano con un oficio plagado de tristes y doloridas expresiones de sentimiento. Necesario es decir que ese infame, fementido e hipócrita fraile llevaba bajo su respetable hábito un aguzado puñal que manejaba mejor que la efigie del redentor, única arma de los soldados de la Iglesia.

A este personaje de ideas demagógicas, poco entendido en política y en principios de buen gobierno, pero bastante avezado en las revueltas, estaba encargada la obra de hacer que Arequipa confiriese el poder al general Castilla; para llenar su encargo, convocó en la prefectura a un corto número de personas comprometidas en la revolución y ante ellas pronunció un discurso en que predicaba el derramamiento de sangre, los degüellos y persecuciones; propuso ideas de reforma, todas ellas destructoras y disolventes de una buena organización, y terminaba confiriendo a Castilla el poder público en todo su ensanche y el título de LIBERTADOR del Perú.

Esta misma acta, con algunas modificaciones, fue la que apareció firmada en Arequipa. Sobre este modelo negoció Castilla las de Moquegua, Puno y Cuzco, habiendo mandado a este último lugar a su secretario el Sr. D. Pedro José Bustamante para que consiguiese se extendiera, aunque no bastó persuasión de ninguna clase para que la suscribieran los ministros de Justicia de ese departamento.

Castilla se olvidó entonces de sus años, de su cansancio y de su desprendimiento; no era ya el patriota arrepentido que deseaba purgar un error trabajando por el establecimiento de un mejor gobierno, porque entre elevarse, después de haber engañado al Perú entero, o servir a la patria, lo primero era para él de elección indisputable. Aceptó el poder que en las actas se le confirió, pero lo aceptó siempre con hipocresía, *en cuanto bastara a llenar el deseo de los pueblos*. Siguieron las actas de donde se ha querido derivar la dictadura, pero aparte de que tales documentos fueron extendidos por acción de los prefectos de Castilla, como consta en las cabezas de ellos mismos, aparte de que se han hecho en aldeas y pueblos, los más de ellos hasta entonces desconocidos; aparte de que no aparezcan firmadas sino por personas de condición oscura; aparte, en fin, de que en muchos lugares se hayan conseguido firmas con amenazas y coerciones: esas actas ni pudieron dar origen a la dictadura y ni aun ser títulos para que Castilla se arrogara el mando de la república. Si alguna persona pudo en virtud de ellas asumir el poder, era D. Domingo Elías; ya porque su nombramiento es de mejor ley que el de Castilla, por el mayor número de pueblos que lo aclamaron y ya porque esa aclamación fue espontánea. Los pueblos del norte del Perú hicieron sus actas nombrando a Elías cuando se encontraban bajo la acción y fuerza del gobierno; los del sur las hicieron, ya pronunciados, y por obra de las autoridades revolucionarias.

Ochenta y dos actas se celebraron en el sur y en veintiocho se nombra a Castilla solo general en jefe del ejército revolucionario; en las otras treinta y siete, se le confiere el mando con mayor o menor extensión y para tales o cuales fines. ¿De dónde han sacado, pues, Castilla y sus ministros la peregrina persuasión de que su poder es omnipotente porque se le confirió por los pueblos? ¿De dónde el despropósito de que ni el cuerpo legislativo le excede en facultades porque uno es el origen de las suyas y de las de la Convención?

¿De dónde la creencia monstruosa de que, aun en el caso de haber creado los pueblos una dictadura por la fuerza de las circunstancias revolucionarias, no había esta caducado de hecho y de derecho en el acto de reunirse el cuerpo representativo?

¿Qué idea tiene Castilla de las asambleas constituyentes para que crea igual en poder a ellas a un mero caudillo a quien se encomendó la dirección de una obra militar?

Aunque sea doloroso decirlo; aunque el patriotismo se resienta; aunque produzca vergüenza confesarlo; es preciso convenir en que el Perú se muestra como un país estúpido e indolente al haber consentido ser engañado y al ver, sin excitarse, consumada la más torpe detentación de poder y la más escandalosa burla hecha a su dignidad y decoro.

Investido ya de autoridad política marchó el general Castilla para el Cuzco, en donde pasó cuarenta días entregado a las más escandalosas orgías y a las más torpes bacanales, descuidando completamente la causa que defendía y exponiendo la revolución a un fracaso y a ser apagada por el general Deustua, si el aparecimiento del general Castillo[43] en Ayacucho no hubiera dado nueva vida y más vigor a esa causa.

Pasaremos por alto multitud de circunstancias ocurridas hasta el verdadero principio de las operaciones militares del ejército de los pueblos, porque sería obra interminable seguir al nuevo Libertador en cada uno de sus actos. Necesario es, sin embargo, desvanecer la impostura de que la formación y organización de ese ejército son debidas al general Castilla. Entre los preparativos de guerra a Bolivia en que se ocupaba el gobierno, fue uno de ellos formar en los pueblos del sur cuerpos cívicos; los ciudadanos se encontraban regimentados y armados, y esos batallones compusieron la primera base del ejército revolucionario; ya hemos dicho que la división Arequipa estaba organizada desde antes de

---

43 Fermín del Castillo Arias (1807-1895) fue un militar peruano. Durante su larga vida, participó en los más importantes conflictos militares y políticos de la república: desde la campaña de independencia hasta la guerra del Pacífico. Tiene un rol prominente en los hechos que narra Manuel Atanasio Fuentes de aquí en adelante, quien posiciona a Castillo como elemento de contraste: un militar audaz y valiente frente a un cobarde e incapaz Ramón Castilla. De hecho, la rivalidad trasciende los límites de esta biografía, pues el mismo año de la publicación de este libro, el general Castillo encabezó un intento de deponer al gobierno, que fue apaciguado rápidamente.

la llegada de Castilla a esa ciudad, los demás cuerpos se compusieron espontáneamente de paisanos; así es que todos ellos, armados y con sus respectivos oficiales y jefes, se fueron reuniendo al *Libertador* solo para ser conducidos a la pelea. Cuando se ha dicho que este fue el organizador del ejército, se han desconocido el mérito y servicios de los hijos del pueblo para concederlos inmerecidamente a quien no tuvo sino el de mandarlos, y mandarlos mal.

Para que pueda formarse una idea de la capacidad militar del general Castilla; para que se conozcan su valor, su pericia, su previsión y su tino estratégico, tomaremos una parte de la historia que antes hemos publicado de esta campaña, principiando desde las más importantes operaciones[44].

---

44 No hallamos registro de la publicación del texto que se reproduce a continuación.

El Libertador en el Cuzco

CAMPAÑA LIBERTADORA DE 1854

PARA LA HISTORIA

Entre los actos estratégicos de que ha hecho tanto mérito el general Castilla para engalanarse con el timbre de único y hábil director de la campaña, ocupa el primer lugar el movimiento del ejército de Moya; pero la idea de este movimiento ni nació en la cabeza del Libertador, ni fue nunca, según las palabras de este mismo, bien comprendida por su jefe de E. M. G.

Él fue indicado por otro personaje que no estaba incorporado al ejército y que, hallándose, en agosto del 54, en una hacienda situada a 15 leguas de Pisco, conociendo la colocación de los ejércitos beligerantes, escribió al Sr. Mar, a la sazón en Chile, emitiendo su parecer sobre la marcha que las tropas libertadoras debían emprender para salir de la violenta y complicada situación en que se encontraban. Esta carta, que fue vista por el Sr. general D. Juan José Flores y por el Sr. D. Domingo Elías, existe en poder del Sr. Mar, a cuyo testimonio recurrimos, interpelando su honor y su veracidad, si se pretendiera negarnos este hecho.

El 15 del mismo mes, el jefe iniciador de la idea la comunicó de palabra al Libertador, que se hallaba en Conayca con su ejército, haciéndole entender, al mismo tiempo, que su realización era tan atrevida como expuesta; pero que, bien ejecutado el movimiento, a más de ser honroso para el *general en jefe*, debería necesariamente producir uno de tres resultados: *ocupación de Lima, ocupación del valle de Jauja, o elección del campo para el combate.* Aunque el general Castilla convino con la bondad del plan, no volvió a hablar sobre él una palabra, hasta el cabo de más de dos meses de completa inacción, en que ordenó la marcha presentándola ya como una de sus propias combinaciones.

Aunque los buenos resultados de esa operación militar dependiesen en mucho de la celeridad con que se ejecutara; aunque la distancia que debía vencerse fuera bastante corta, el general Castilla, incapaz entonces como siempre de comprender la importancia del plan que intentaba realizar, empleó en la marcha cinco días y una noche, para atravesar 22 leguas de un camino en su mayor parte llano. Jamás se vio, además, marchar un ejército en una confusión más espantosa. El movimiento bien ejecutado consistía en describir una curva sobre el flanco derecho del ejército del general Echenique, curva que, a su fin, debía colocar ambos ejércitos a la distancia de tres o cuatro leguas, haciendo ganar la vanguardia al Libertador. La demora habría trastornado completamente el éxito del plan, si la popularidad de la causa no hiciera que Echenique no hubiera tenido oportuna noticia de la marcha; súpola dos o tres días después de emprendida, así fue que el ejército Libertador no pudo tomar Pachacayo sino media hora antes que el de Echenique, trabándose entre ambos un ligero tiroteo.

Al tener el general Echenique oportuno conocimiento de la marcha, hubiera quizá salido a recibir a las tropas libertadoras a la pampa de Ingahuasi; pero cuando la supo, le bastaba dar un cuarto de conversión sobre su derecha y hubiera encontrado al ejército en una larga línea y en completo desorden, pues marchaba con dos inmensas colas, una a vanguardia y otra a retaguardia.

Un soldado de artillería volante, que había abandonado su ejército para pasarse al Libertador, dio noticia de que el general Echenique, con la mayor parte de sus fuerzas, estaba en Llocllapampa, y que regresaba a Jauja en fuga precipitada. Esta circunstancia que no hubiera, sin duda, sido desatendida por un general en jefe que supiera sacar partido de las malas disposiciones del enemigo, no llamó la atención del Libertador. Nadie ignora que una fuga, y una fuga en desorden, es un elemento de triunfo para el enemigo arrojado. Pero se nos dirá que cualquiera nueva disposición del Libertador era extraña a su *vasto plan*, y hacía desatender la consecución de sus *grandes fines*. El plan esencial de un ejército en campaña, el que termina todos los planes y excusa la necesidad de cualesquiera otros, es la destrucción del enemigo; ante la posibilidad de lograr este gran fin, de un modo casi seguro, todas las demás operaciones son de un orden muy secundario: desperdiciar la ocasión de concluir la lucha y de terminar las penalidades de una campaña, fue en todo tiempo la idea dominante de todo gran capitán, pero no lo fue nunca del *gran capitán* del Perú, asombro de la América, y cuya posesión en nuestra afortunada república excita la envidia del mundo entero, según sus entusiastas apologistas.

El general Castilla no tomó alguna medida para aprovecharse de la fuga de su adversario: permaneció sin dictar ninguna resolución hasta las nueve de la noche, hora en que el ejército empezó a moverse para Chacapalpa, adonde llegó el general Caravedo a la una de la mañana, el Libertador a las cinco y el general Castillo al mediodía. Siguiendo el Libertador sus *altos planes* de perder el tiempo y de desaprovechar las más favorables oportunidades que le ofreciera la imprudencia o el desacierto del enemigo, permaneció inactivo ese día y el siguiente en Chacapalpa, a pesar de que por un oficial Oblitas, mandado por el general Frisancho, que se había extraviado y buscaba a su presidente Echenique en el cuartel enemigo, se supo que el general Vigil, con la caballería, ocupaba la margen derecha del río de la Oroya, y el general Deustua con su división, la izquierda, mientras que Echenique, con el grueso de su ejército, había sido rechazado de Pachacayo, y el batallón núm. 9 se encontraba a retaguardia sobre Ingahuasi.

El hombre más desnudo de conocimientos militares, el que estuviese dotado de una parte de arrojo y valor de que en tan alto grado se supone poseído al Libertador, no hubiera desperdiciado la brillante ocasión de batir al enemigo en detall, y de destruirlo por partes, cuando por su antimilitar colocación, estaba en imposibilidad de reconcentrarse y de hacer una formal y enérgica resistencia; y en especial cuando uno de los *grandes fines* y, en efecto, el más grande, que consistía en la ocupación de Lima, era ya irrealizable, desde que la lentitud en las operaciones, la pérdida del tiempo y el empleo de seis días en andar veintidós leguas, habían destruido el objeto esencial del movimiento, que consistía en interponer el ejército libertador entre el de Echenique y la capital, quedando este, con respecto a aquel, a la distancia que debía producir un adelanto en la marcha de tres o cuatro días; lo cual, como hemos dicho, no se verificó, porque el Libertador pudo llegar a Pachacayo media hora antes que Echenique, y porque se perdieron, además, otros cuatro días en caminar las siete leguas que median entre ese punto y la Oroya, no siendo, por lo mismo, posible continuar el movimiento en dirección a Lima, cuando las tropas de Echenique estaban a la cola y casi sobre las libertadoras.

Expuestas ya las causales que impidieron la consecución del *gran fin* de ocupar la capital, e indicado también que el movimiento de Moya no fue pensamiento del general Castilla, quien no tuvo en él mas parte que haber expuesto la suerte de su ejército, y desaprovechar las ocasiones de terminar la guerra, lo seguiremos en el curso de sus no menos *acertadas* operaciones posteriores.

Al moverse el Libertador de Chacapalpa para Huari, lugar distante solo dos leguas, supo por algunos espías que el ejército de Echenique se había reunido en la hacienda nombrada Quishuarcancha, y que probablemente vendría a pasar el río de la Oroya por el vado de Quiclla, a un cuarto de legua de Huari. La situación de este lugar no podía ser más inaparente para colocarse a tan corta distancia del enemigo, ni menos para esperarlo en él; y, sin embargo, el general Castilla pasó allí la noche. Al siguiente día, el general Castillo salió con una columna para Pachachaca y el Libertador con el grueso de su ejército se dirigió a La Oroya, describiendo en su marcha un semicírculo de tres leguas, cuya parte convexa miraba hacia atrás; es decir, para Jauja.

Estando el ejército en La Oroya se supo que el general Echenique empezaba a hacer pasar sus tropas por el lugar ya indicado, en donde sus tiradores, que marchaban a vanguardia, se batieron con las partidas que mandaban los Santa María.

Difícil sería describir el sitio donde, en tan apuradas circunstancias, se encontraba el ejército, y mucho más difícil que se forme idea de él quien no lo haya visto. Evitar la pasada del ejército enemigo no era posible; lo era aun menos presentar un combate en un lugar donde era de todo punto irrealizable la más ligera maniobra; aun la de hacer desplegar una compañía. Aunque el puente de La Oroya no podía prestar servicio a las tropas de Echenique, sino a las del Libertador, este lo hizo destruir y quemar la madera; la suerte del ejército parecía decidida, el menor ataque del enemigo lo hubiera hecho rendirse a discreción sin poder intentar la menor resistencia; el Libertador se había encerrado en un estrecho recinto y privádose, por sí mismo, de los medios de salir de él. ¿Y cuáles fueron las disposiciones que ese hábil y experto militar adoptó para salvarse y salvar su tropa del inminente peligro en que, por la profundidad de su plan, la había colocado? Respondan por nosotros desde el primer general hasta el último soldado de los que pusieron su suerte bajo las sabias decisiones de tan *hábil* director de la campaña.

¿Quién vino, pues, a salvar al Libertador de tan apurada situación? No fueron ni su valor ni su pericia. La *fortuna* y nada más que la *fortuna*, mal que le pese al que niega su existencia. Una horrorosa y desecha tempestad impidió al general Echenique hacer pasar el río a todo su ejército; la copiosa lluvia y la densa oscuridad le hicieron naturalmente temer algunas desgracias y prefirió retirarse para Huari. Este acontecimiento providencial, favorable al Libertador mucho más de lo que él mismo pensara, ¿entró acaso en su plan de operaciones? ¿Se propuso tal vez ponerse en un lugar donde la lucha y la fuga eran irrealizables, contando con el poder de hacer descargar una tormenta en los instantes mismos en que su adversario podía destrozarlo sin esfuerzo?

Al siguiente día, cuando el general Castilla pudo reconocer el lugar donde se hallaba y apreciar el riesgo que en la noche había corrido, se pintaron en su semblante la angustia y el espanto; conoció su temeridad y dispuso con precipitación, a las cinco de la mañana, la marcha sobre Pachachaca. En este sitio, abundante en inexpugnables y aparentes posiciones, debió realizarse *otro gran fin del vasto plan*, y era el de situar el ejército y esperar al enemigo para batirlo. La elección del campo se hizo; se verificó la colocación de las tropas y se convino, en fin, en la espera; pero al primer aviso de que el enemigo estaba a la vista y que se aproximaba el momento de realizar el *fin* de todos los *fines*, hizo desfilar las primeras columnas en dirección a Yauli.

Entonces tuvieron lugar las instancias del general Castillo y sus observaciones sobre lo desacertado de esa marcha; entonces, a fuer de grandes exigencias, se cambió la dirección del movimiento y se verificó del lado de Morococha; y entonces también ocurrieron varios incidentes, entre los cuales el de más importancia fue la riña y cambio de denuestos que entre ambos generales se trabara.

Confesaremos, con la imparcialidad de que nos sentimos poseídos, que el general Castillo cometió dos graves delitos de insubordinación: el de desacato al general en jefe, en presencia de una parte de sus tropas, y casi al frente del enemigo, y el de quererse batir, o prepararse para ello, sin orden superior. En un ejército reglamentado bajo las bases de la severa moralidad militar, en un ejército cuyo jefe tuviera la energía y dignidad que el cargo exige, y que en vez de estas cualidades no poseyera, como el general Castilla, una ridícula fanfarronada y una total falta de decoro, el jefe de E. M. G. hubiera pagado con su vida cualquiera de esos dos delitos; pero el Libertador no era todavía fuerte en poder; el que entonces investía vacilaba y, ante su mezquino corazón, la dignidad no es nada, la autoridad es todo; esa autoridad que prostituye y humilla cuando cree que puede serle arrebatada y de la cual se reviste para desdeñar y ultrajar al que no le reverencia servilmente, cuando tiene medios suficientes para hacerla respetar. Así no solo no infligió al general insubordinado la pena señalada por nuestros códigos militares, antes, al contrario, nunca se manifestó con él más obsequioso, comedido y satisfecho.

Como el general Castilla, al mismo tiempo que se vio en Morococha, cuya localidad no pudo juzgar sino de nada conveniente, se encontrara indeciso en la determinación que debería tomar; y como por otra parte, sea su principal arbitrio en casos tales, el de perder el tiempo, recurrió para llenar este fin al remedio, para él supremo, que consiste en hacer que la tropa lave los vestidos; así, cuando salió con el general Caravedo en busca del jefe de E. M. G., ordenó que se limpiasen las armas y, a su regreso, que el ejército se pusiese a lavar. Dejamos al criterio de cada uno el juicio que debe formarse del jefe que, próximo al enemigo, ordena ocupaciones de tal clase.

Los hechos que acabamos de exponer bastan a probar que la ocupación de Morococha nunca entró en los planes del Libertador: que ella fue obra del general Castillo y que, si plan alguno hubo, el movimiento a Morococha bastaba para destruirlo completamente. Pero queremos suponer todo lo contrario de lo sucedido: queremos convenir con que el ocupar ese sitio hubiera sido una de las disposiciones exclusivamente tomadas por este general. ¿Era a propósito, para realizar algunos de los tan sabidos *tres fines*, una hacienda mineral, situada en el corazón de la cordillera, con tres o cuatro entradas, dominada por alturas y completamente desprovista de víveres y de forraje? ¿Podría permanecer por varios días un ejército en un punto donde un solo viajero a duras penas conseguiría lo necesario para pasar una noche?

De Morococha salió el Libertador con el general Caravedo con el propósito de hacer un reconocimiento sobre Yauli; el general Echenique ocupaba ese asiento y había hecho grande acopio de ganado y de forraje en grano y en rama. Al regresar de esa operación, dirigiose el Libertador al general Caravedo para decirle, lleno de angustia y confusión: «si los enemigos se detienen en Yauli ¿qué haremos? porque ya la maniobra está concluida, y nosotros no podemos parar en Morococha». El general Caravedo, que había concebido el plan de operaciones que consistía en marchar sobre Lima por las provincias de Huarochirí, o Yauyos, si antes no había ocasión de presentar una batalla, tuvo que alterar sus ideas por los desconciertos cometidos en las marchas, y contestó al Libertador *que la maniobra no estaba concluida*, que los enemigos tenían que pasar la cordillera aunque no quisieran; y que en el caso que permaneciesen en Yauli, el ejército debía moverse sobre Canta, para estar en las puertas de Lima, para dominar en el abundante departamento de Junín y para ponerse, en fin, en relación con el norte. «Me parece bien», contestó el Libertador, dejando ver en sus ojos la expresión de la esperanza, «¿pero cuántas leguas hay de camino?». El general Caravedo hizo la misma pregunta al capitán Casanova, que estaba presente, quien contestó que no habría más de diez o doce leguas. El Libertador aceptó el plan y se apresuraba en volver a Morococha para hacer el itinerario, cuando al llegar a la hacienda, supo que el general Echenique había bajado la cordillera. Aparece, pues, que el Libertador no dispuso espontáneamente el movimiento sobre Morococha: que es humilde observador del consejo ajeno en los momentos del conflicto: que es poco celoso de su dignidad, cuando no se cree bastante fuerte: que en Pachachaca dejó de realizar uno de los *fines* de su plan y que, sin su buena fortuna, estuvo a punto de que sus planes y sus *fines* tuvieran un *fin trágico* y nada honroso para la esclarecida y única categoría militar del Perú.

Por la noticia de que Echenique estaba en Casapalca, acordó el Libertador salir de Morococha para atacarlo por dos puntos, por el camino que parte de Yauli y por el que sale de la hacienda; este acuerdo quedó en nada, como todos los anteriores, pues al día siguiente de la noche en que se tomó, salió todo el ejército libertador para Yauli, en donde se hizo prisionero al batallón número 9. Como a las diez de la noche del día siguiente, regresó el guía que condujo al general Deustua, asegurando que lo había acompañado hasta San Mateo, pero que había regresado a Casapalca, donde tenía el ejército formado para volver sobre Yauli. Por inverosímil que esta noticia fuera, afectó hondamente el ánimo del general Castilla que, recorriendo a largos pasos la sala en que se encontraba, no pudo disimular su confusión y, dirigiéndose al general Caravedo, le preguntó con angustia: «¿qué le parece a Ud. este contratiempo?». El general Caravedo, para quien la vuelta de Deustua no era posible ni peligrosa, en caso de ser cierta, contestó al Libertador que nada podía apetecerse más que el regreso de una tropa que por el esfuerzo en las marchas llegaría en estado de ser desecha sin otra arma que los portafusiles. El Libertador, no tranquilizado con tal respuesta, hizo varios propios al general Castillo que había salido para el Cerro[45] por la vía de Tarma, para que regresase al cuartel general de cualquier sitio donde recibiera la orden.

Falsificada la noticia sobre el regreso de Deustua, el ejército libertador ocupó el valle de Jauja para tomar cuarteles. A cualquiera que no tuviera idea del carácter del general Castilla, de sus veleidades e indecisiones, de la facilidad con que concibe planes, a cuál más descabellados, y de su perplejidad en los momentos de ejecutar los que parecen definitivamente acordados, le habría bastado observar a este director de la guerra durante los días de su permanencia en Huancayo. Celebrábanse diariamente

---

45 Cerro de Pasco.

juntas para determinar el camino que el ejército debía seguir para la costa: el Libertador borrajeaba numerosos pliegos de papel para comparar las distancias; los jefes reunidos no podían expresar su opinión, porque el mismo Libertador proponía las cuestiones y las absolvía, y echaba mano de sus abundantes manuscritos para encontrar en ellos la solución de sus propias dudas. Al fin de tantas juntas no hubo acuerdo alguno ni sobre la dirección de la marcha, ni sobre el día en que debía emprenderse. En el momento menos pensado, el coronel D. Julio Montes, que despachaba accidentalmente el estado mayor general, recibió una orden general escrita del puño y letra del Libertador, en la que se disponía la marcha para el siguiente día. Esta disposición se expidió sin comunicarla a los generales y ministros y, lo que es aún más grave y torpe, sin dar las necesarias órdenes para acopiar víveres, reses y forrajes. Según dicha orden general, toda la fuerza acantonada en diversos pueblos del valle debía pasar el río por el puente de La Oroya, a pesar de que estando las divisiones en Jauja, Concepción y Huancayo, era más cómodo y natural que pasaran los puentes de La Mejorada, Concepción y Llocllapampa, y las de Tarma por el lado de La Oroya, para reunirse o bien en Yauli o bien a este lado de la cordillera, sin necesidad de aglomerar las tropas en un solo camino. Como los generales Castillo y Caravedo se viesen tratados sin las consideraciones exigidas por sus categorías y empleos, y que no se les había comunicado la disposición de la marcha, sino por medio de la orden general, se fueron a Tarma, donde existía una parte de la división del mando del segundo. Esta y no otra fue la causa que tuvo para separarse del cuartel general el general Castillo, a quien se ha calumniado suponiéndolo poseído de miedo a consecuencia de la derrota del Alto del Conde.

En Tarma, los coroneles Tejada y Albizuri recibieron, en cuatro días, siete órdenes para que marcharan y dejaran de marchar sobre Yauli, recibiendo la última cuando se encontraban en camino y a los ocho días de estar ya el grueso del ejército en este lugar. En La Oroya consultó Albizuri a los antedichos generales si daría cumplimiento a la séptima orden que acababa de recibir para no moverse de Tarma, pero ellos le dijeron que siguiese la marcha hasta Pachachaca, de donde daría cuenta de su llegada. Sin la circunstancia de haber seguido este consejo el coronel Albizuri, es más que probable que el Libertador permaneciera hasta hoy en Yauli, entregado a sus ocupaciones que consistían en hacer planos, pero no de operaciones, sino para perder el tiempo y seguir después el impulso forzoso de las circunstancias.

Acabamos de exponer el único motivo que los generales tuvieron para no seguir el movimiento del ejército y para retirarse a Tarma; pero tal retirada ha servido al Libertador y a sus amigos para levantarles una calumnia, propalada contra Castillo por escrito y contra los dos de palabra. Al regresar ambos en dirección al cuartel general, supieron en La Oroya la victoria de Arequipa, que se supone la causa del regreso. Suposición tan ridícula como la *acusación de fuga*.

Lo que hay de cierto es que, cuando el coronel Benavides Bermúdez llegó al cuartel general, le expuso el Libertador que no podía darle colocación a pesar de la estimación y aprecio que le profesaba, porque el *señor Elías se molestaría*; pero al momento que llegó la noticia del desastre del Alto del Conde[46], se hizo venir al citado coronel de Tarma, donde

---

46 Aunque inicialmente Morán tuvo la intención de unirse al ejército insurrecto, Echenique terminó convenciéndolo de luchar en su lado. En noviembre de 1854, Domingo Elías presentó batalla a las tropas de Morán en el Alto del Conde, cerca a Moquegua, en donde fue derrotado.

se había retirado, y se le encargó la comandancia general de las fuerzas que obraban sobre Canta.

He aquí una elocuente prueba de la *arrogancia* y energía del carácter del Libertador, que no se hallaba capaz ni de emplear a los hombres a quienes estimaba, y cuyos servicios podían ser útiles, de miedo al enojo de uno de sus tenientes a quien él mismo temía, y cuyo enojo desafiaba cuando lo vio sin fuerzas a sus órdenes.

A consecuencia de la marcha del coronel Albizuri con la caballería, salió (como ya hemos dicho) el ejército de Yauli e hizo camino hasta San Damián. La noche de la llegada estuvieron hasta las once reunidos el general Caravedo y el ministro Dr. Ureta. El primero suplicó al segundo, al tiempo de separarse, que le hiciera el servicio de preguntar a S. E. si la continuación del movimiento sería al siguiente día, cosa que le importaba saber porque tanto sus bestias propias, como las de las brigadas de los cuerpos, estaban a una legua de distancia, y era por lo mismo preciso que la orden de marcha se diese con anticipación para hacerlas traer.

El ministro hizo la averiguación necesaria acercándose al Libertador, y contestó al general Caravedo que el ejército no se movía al día siguiente; este general participó la noticia al jefe de E. M. G.

Sin embargo, a las cinco de la mañana vino un oficial a despertar a los generales, anunciándoles que el Libertador estaba en la plaza haciendo desfilar los cuerpos del ejército. El general Castillo se vistió precipitadamente y habiendo podido conseguir, prestado, un caballo, se dirigió a la plaza, en donde encontró saliendo las fuerzas de su mando: sin fijarse en el general Castilla, que tampoco estaba muy a la vista, siguió corriendo hasta ponerse a la cabeza de su división. Pocos momentos después llegó el general Caravedo a pie pues, como se ha expuesto, no tenía bestia alguna de qué servirse, y recibió, en la misma plaza, la orden de permanecer arrestado en su alojamiento, comunicándose otra de igual naturaleza al general Castillo.

Al día siguiente recibió el general Caravedo una esquela del Sr. Ureta, en la que se le alzaba el arresto y le aseguraba, de parte del Libertador, que este no tenía queja ni prevención contra él (Caravedo), que, por el contrario, lo estimaba como amigo y que lo había puesto arrestado porque el general Castillo *no lo había saludado al pasar por la plaza*. No es del caso repetir aquí la contestación verbal que el general Caravedo dio en Santiago de Tuna al ministro.

Quisiéramos que de buena fe se nos explicara esta conducta del Libertador. Si importaba a sus planes mover el ejército de San Damián al día siguiente de su llegada; si le ocurrió semejante idea después que en la media noche había dicho al Dr. Ureta que no se movería; ¿por qué no puso su resolución en conocimiento de los generales? ¿Debían estos interpretar en sentido opuesto la contestación del general en jefe? ¿Debian suponer que su pasión por faltar a la verdad lo hiciera ocultarla aun en los delicados asuntos del servicio? Si es extraño semejante procedimiento, ¿cómo puede calificarse el arresto del general Caravedo, producido por una involuntaria falta de cortesía, cometida por el general Castillo? ¿Esa falta pudo tampoco, en ningún caso, autorizar el arresto de dos jefes de categoría? El general Castilla no quiso castigar la falta que encierra la negación del saludo, quiso dar una prueba del encono que abrigaba en su alma a consecuencia del suceso de Morococha, pero semejante prueba no era la más elocuente, sino la que hacía tiempo abrigaba y que hizo pública en Santiago de Tuna. Una orden general, altamente deshonrosa, destituyó al general

Castillo del E. M. G. y de la comandancia de la división de vanguardia; y como si este enorme desaire no bastara a apagar el rencor que se abrigaba en el *magnánimo corazón del Libertador*, se pasó al jefe destituido de sus empleos, un oficio en que se le intimaba su separación del cuartel general y su marcha para Tarma; pocos instantes después de entregada esta orden, mandó el Libertador a su ayudante de campo, sargento mayor D. Antonio Marro, para que viese si ya había marchado el general Castillo, diciendo al hacerle el encargo, entre otras cosas, *que quien una vez se había insubordinado, era fuerza se alejase, porque si lo hacía segunda vez, emplearía ya su espada*. Estas solas palabras, cuya exactitud no negará el mismo Libertador, bastan para explicar que la injuria hecha al exjefe de E. M. no descansó en ningunas causales ocurridas después de la riña de Morococha; que ella fue concebida por el Libertador, que débil entonces para castigar la insubordinación, fue bastante mal caballero para vengarse cuando, cerca de Lima, se persuadió por las comunicaciones que había recibido, que la campaña no terminaría por una batalla, sino por un pronunciamiento de la capital.

El ejército Libertador siguió su marcha para la Cieneguilla, adonde llegó a las siete de la noche a favor del consabido sistema de indebidas demoras. Sin embargo, se hizo presente al Libertador que no debía darse a las tropas sino un descanso de dos horas y continuar el movimiento hacia el valle de Surco para llegar al Callao a las siete u ocho de la mañana siguiente. Esta operación pudo verificarse sin peligro alguno porque el ejército enemigo estaba situado entre Ate y Pariachi[47], porque se ignoraba, además, cuál era la quebrada por donde tomaba la costa el Libertador y porque la columna de Sagrados cubría la de San Mateo, llegando

---

47 San Juan de Pariachi, al noroeste de Huaycán.

hasta Yanacoto[48]. No se hizo con todo así, porque adoptando esas medidas, llamadas por los defensores del general Castilla, *prudente cautela y calculados movimientos*, pasó el ejercito un día entero en la Cieneguilla y no avanzó al siguiente sino hasta Manchay, distante una legua, en donde se perdió otro día, haciendo irrealizable la ocupación del Callao y aún expuesta por demás la llegada a Surco, porque sin la impericia de los enemigos, la destrucción del ejército Libertador era de necesario acontecimiento.

El general Echenique no necesitaba sino correrse sobre su derecha y situarse en San Borja, para precisar a su contrario a aceptar el combate donde hubiera querido, con las ventajas que le daban la elección del campo y el estado de unas tropas fatigadas y sedientas.

Todos estos azares, todos estos riesgos de una triste y ridícula destrucción corrió el ejército Libertador, sin otra causa que la mala ejecución del plan que en Moya se indicó al general Castilla, y que realizó, haciendo de su parte, cuanto era posible para alcanzar un fatal desenlace.

Debemos indicar, como oportuno, para calcular la consistencia de las medidas del Libertador, que su primer propósito al salir de Huancayo fue descender a la costa por la quebrada de Canta y que, observándole el general Caravedo que para ello existía el grave inconveniente de que el río Rímac les impediría maniobrar sobre el Callao, convino aquel en la exactitud de tal observación, sin que por ello variase en nada el orden de sus desacordados procedimientos posteriores.

El ejército salió por Surco para Miraflores, adonde llegó el general en jefe con sus primeras columnas, en los momentos que el general Echenique principiaba a

---

48 Lurigancho-Chosica.

apoderarse de la huaca Juliana[49], y cuando el general Pezet y otros estaban a tal distancia que, con un poco del esfuerzo y arrojo del que en tan alta cantidad se conceden al Libertador, se pudo muy bien disputar y obtener la posesión de la huaca. Pero el valiente capitán, cuya gloriosa historia es una serie de asombrosas proezas, no quiso enriquecer sus brillantes páginas con una más, de fácil realización, y esperó verse reunido con todo su ejército: mientras tanto, el general Echenique tuvo tiempo para situar el suyo.

Llegamos al término de los vastos planes: los dos ejércitos se tenían a la vista, aproximábase el solemne momento en que iba a resolverse un gran problema político. El éxito de la causa revolucionaria estaba encomendado al *héroe de Ingavi*: en medio de ese campo que debía regarse con sangre, había un laurel cuyas verdes ramas debían coronar al siempre vencedor; veremos, pues, la manera cómo el ilustre jefe, honor de la nación peruana, se apresuraba a poner sobre sus antiguas coronas la que debía elevarlo sobre todos los capitanes de la *actualidad*, y dar a sus hechos, en los anales de las guerras del siglo, un preferente lugar.

Entre los puntos de observancia necesaria acordados en Huancayo, al tiempo de sacar de esa ciudad las tropas libertadoras, para el caso de que los dos ejércitos se pusiesen a la vista y en actitud de combate, se cuentan los dos siguientes: primero, maniobrar de tal modo que la artillería libertadora pudiese jugar antes que la enemiga, porque siendo esta de más alcance y de munición hueca, podía hacer mucho daño antes que aquella hiciera alcanzar sus tiros; segundo, no comprometer ningún choque que no fuese decisivo, por la escasez de municiones.

---

49 Actualmente conocida como huaca Pucllana, ubicada en el distrito de Miraflores.

Ocupada la huaca por las tropas de Echenique, su toma era imposible, a no ser que se trabara el choque. El ejército libertador fue colocado en una larga línea, débil en todas sus partes, bajo los fuegos de la huaca; y en tal situación el general Castilla, que no quiso tomar el Callao, cuando para ello no existía obstáculo, concibió la peregrina y extravagante idea de dirigirse a ese puerto haciendo pasar sus fuerzas por entre la huaca y la costa para exponerlas a ser deshechas por los fuegos de la artillería de mar y tierra. ¡Estupenda concepción! ¿El Libertador quiso, tal vez, ensayar hasta dónde llegaba su arrojo, de que nunca había dado prueba? No: el proyecto era tan descabellado como expuesto, y esto bastaba para que pretendiera llevarlo a cabo. Tres días fue este movimiento la idea dominante del Libertador, y la causal que para realizarlo apuntaba era tan sólida como todas las que sirven de pretexto a sus desacuerdos. Aducía, como razón bastante para entregar a la ruina su ejército, el que no se le escapara Echenique, ni se le escaparan tampoco dos millones de pesos que, en *lingotes* de oro, debía traer de Europa el vapor. Las observaciones constantes de los generales y ministros le obligaron a desistir de un proyecto que jamás hubiera entrado en el cerebro de un hombre que, con menos pretensiones que el general Castilla, hubiese sido dotado por la providencia de un sano juicio.

Todo Lima pudo observar la colocación respectiva de ambos ejércitos. Todo Lima ha podido apreciar la desventajosa situación del Libertador, colocado bajo la dañosa acción de los fuegos de la huaca y la no menos ofensiva de los buques de guerra. Nadie podía pensar que tan violento estado se hiciese durar por varios días, porque cada uno de los que pasaban dejaba en pos el aumento de temor en los soldados que conocían la facilidad del enemigo para destruirlos completamente. El general Echenique no habría necesitado, en efecto, sino poner en batería todas sus piezas de artillería, y con hacer fuego un día entero, hubiera sido irremisiblemente señor de la victoria; pero como, al contrario, hacía parar los tiros al momento que empezaban, contribuyó por sí mismo a su propia ruina.

No habiéndose realizado el primer hecho de los acordados en Huancayo, que indicamos al principio de este artículo, no se curó tampoco el Libertador de cumplir el segundo, pues estando su caballería a una legua de distancia y sin haber preparado siquiera una mitad, hizo comprometer un choque el día 3 de enero, con una muy pequeña fuerza de infantería, que sufrió la resistencia de las tres armas enemigas. Este choque, que pudo ser harto funesto sin la serenidad, valor y denuedo del Sr. general D. Luis La Puerta, era el segundo provocado por el general Castilla.

No está al alcance humano la facultad de describir el efecto que cada tiro de cañón lanzado por el enemigo producía en el valeroso Libertador; jamás el miedo manifestó sus caracteres con más desarrollo; jamás hombre alguno de espíritu apocado se pintó más digno del desprecio ajeno; jamás, en fin, un militar de una inmensa vanidad y de una fanfarronada sin límites dejó su fingida piel de tigre, para descubrir la de la liebre. El pavor y la palidez que cubrían su rostro, la incesante repetición de órdenes y contraórdenes; la sucesión de gritos y de palabras entrecortadas pronunciadas por labios trémulos; las carreras a caballo a indeterminados lugares; he aquí, aunque mal pintado, el estado del hombre, cuyo *valor* y cuya *pericia*, son el objeto de sus propios elogios cuando recomienda sus hechos en los salones de palacio, ante sus ciegos aduladores, o ante los que no lo han visto en los momentos en que ese *valor* y esa *pericia* deben manifestarse por hechos.

El pánico terror del general Castilla, la contradicción en sus resoluciones y el desconcierto patente en que entrara, lo hicieron aparecer ridículo, no solo ante los jefes con quienes estaba en constante relación, sino que últimamente se presentó como tal ante los soldados. Acostumbraba el Libertador, en los primeros días, recorrer su campo rodeado de ayudantes y con una numerosa escolta de lanceros que llevaban las banderolas desplegadas; pero el miedo de ser conocido había ganado mucho terreno en su corazón. Cambió de vestidos y de caballos: no se hacía ya acompañar sino de un lancero que lo seguía a larga distancia con la banderola encubierta, y ni aun encendía luz en su alojamiento. Escuchamos, ya que se santifican estas precauciones como la *prudente cautela* necesaria para que el ejército no se viera privado, por algún incidente, de su general en jefe; y nosotros convendríamos de buena fe con tal explicación a no haber habido una transición tan súbita entre la ridícula ostentación de valor y esa cautela, cuando se creyó que la primera podía ser pagada a caro precio. A pesar de tan aflictivas y apuradas circunstancias, cuando son más que nunca necesarios los arranques del genio y los rasgos de valor, en esos grandes momentos en que el hombre conoce el peligro, pero procura vencerlo buscando en su cabeza y en su corazón los medios de alcanzar la gloria, recurrió el general Castilla a salvar la crisis y hacer menos peligrosa la situación del ejército con su remedio supremo: ¡¡¡hacerle lavar la ropa!!!

Para llevar a cabo esta difícil maniobra, parte integrante del gran plan que el general Castilla estaba desenvolviendo, se hizo ensanchar una poza que existe entre el tambo que servía de cuartel general y el mar; pero, desgraciadamente, la operación no pudo practicarse porque la voluntad del Libertador fue contrariada por el bombardeo dirigido de a bordo de los buques de guerra. Cierto es también que la orden, en caso de ser dada por el general en jefe, no hubiera sido obedecida por el ejército.

La simple razón, así como los principios elementales del arte de la guerra, aconsejaban o bien atacar la izquierda de la línea enemiga, como la parte menos fuerte, o correr la derecha del ejército libertador acercándolo a Lima por entre las portadas de Barbones o Cocharcas, para proteger el esperado pronunciamiento de la capital, apoderarse del agua que el enemigo quitaba a cada momento, haciendo sufrir espantosas fatigas a la tropa y ponerse, en fin, fuera de los tiros de las baterías de la huaca y de los buques. Este movimiento debió verificarse si no el mismo día en que los ejércitos tomaron posiciones, cuando más tarde al siguiente en la noche; a cada momento y por muchas personas se hizo esta indicación al Libertador, quien contestaba que para aceptarla y realizar la retirada esperaba solo la llegada del coronel Beltrán, que traía una partida de montoneros. El éxito de la campaña dependía, pues, de la presencia de dos o trescientos hombres, no militares, y cuyo servicio era inútil en caso de combate; pero esto no era sino un medio para continuar en la inacción y para estar bajo un peligro de indisputable existencia y gravedad. Llegó, por fin, el coronel expresado y llegó con su fuerza, e instado nuevamente el Libertador para moverse, dijo que *era preciso aparecer por algunos días más, ante Echenique, como* un sandio[50]; *y que esperaba que el coronel Benavides, que bajaba por Canta, se aproximase a Lima.* Este coronel hubiera también llegado, y no faltarían al Libertador personas a quiénes esperar después; y aún estuviera en sus expectaciones si una *circunstancia, probablemente prevista* en sus vastos planes, no viniera a cortar el curso de sus interminables esperas.

---

50 [Nota del autor] El Libertador empleó otra palabra más significativa, pero más propia de cuartel.

Siete días habían pasado y el ejército Libertador permanecía entregado a la inacción más completa, presenciando los estragos que en su campo causaba la artillería enemiga, sin que el general en jefe adoptase un medio para evitarlos, ni intentase un ataque que, en verdad, no hubiera sido prudente, atendida la ventaja en posición del ejército del general Echenique. El general Caravedo, conociendo el descontento y disgusto que dominaban desde el primer jefe hasta el último soldado y convencido de que el Libertador por sí mismo no haría nada por evitar la pérdida total del ejército y quizá un golpe funesto de sublevación, se dirigió a los coroneles Canseco, cuñados del general Castilla, para decirles que este sería juzgado como traidor en cualquiera otro punto de la tierra que no fuera el Perú, por haber colocado el ejército de tal suerte, que los enemigos no solo le ofendían con la artillería de tierra, sino también con la de mar, habiendo sufrido ya los tiros de estas sin defensa posible y tocando un extremo de justa desesperación; que él (Caravedo) estaba resuelto a separarse del cuartel general en la mañana siguiente, si en la misma noche del día en que esto hablaba, no se movía el ejército; y que no verificaba en el acto su separación porque temía que atacasen en ella los enemigos. Los Sres. Canseco, para quienes era evidente la exactitud de cuanto el general les dijera, montaron en el acto a caballo y se fueron a ver al Libertador, y no habiendo podido hablar con él sino con el Dr. Ureta, este aconsejó a D. Manuel que escribiera una carta a su cuñado; la remisión de tal carta dio motivo a que se convocase una junta de jefes para las diez de la noche. A las siete de ella el general Caravedo fue en busca de los ministros para instruirlos en el estado del ejército y de su particular resolución: no podían tampoco desconocer estos funcionarios lo evidente de lo crítico de la situación y ofrecieron hablar al presidente. Encontró en su tránsito y de regreso a su campo, el mismo general, al mariscal San Román, y le expuso que por parte del Libertador había, al parecer, empeño para perder el ejército: que él estaba resuelto a marcharse al día siguiente y que, en su concepto, no había otro medio de salvación que *deponer a Castilla del mando* de las fuerzas y emprender el movimiento inmediatamente. El mariscal aplazó su resolución hasta ver el resultado de la junta convocada. Realizose esta y el Libertador, que aunque dotado de un genio previsor, tiene el talento de desconocer siempre la actualidad, redujo sus medidas del momento a hacer alusiones ofensivas a los jefes improvisados y, entre ellos, al coronel Cevallos, atribuyendo a avance el que este jefe le hubiera hecho por escrito algunas fundadas observaciones sobre la mala situación del ejército: no faltaron, como era natural, aquellas fanfarronadas, única base de la reputación de valiente que el general Castilla ha pretendido crearse; una de ellas, y la más ridícula, es la de haber desafiado al que *se creyera más hombre, para ir los dos solos a caballo y con lanzas a tomar la huaca.* El Libertador terminó diciendo que tenía sus planes, que debían realizarse *dentro de dos o tres días más; que era preciso permanecer durante ellos en las mismas posiciones y que era tan cobarde como mal militar el que opinara que el ejército debía moverse de ellas.*

El general Caravedo, que había permanecido hasta entonces en silencio, contestó al Libertador: que, si había cobardía, se encontraba, sin duda, en los que excusaban batirse; que todo el ejército estaba dispuesto a pelear, pero no a sufrir impasible las balas del enemigo, como las había sufrido en siete días; que las resoluciones del general en jefe pugnaban con los elementales principios del arte militar y que, en caso de no atacarse la izquierda de la línea enemiga ni moverse la del ejército sobre su derecha, era al menos necesario que este se pusiera fuera de los tiros de la huaca.

No contestó una palabra el general Castilla, disolviéndose la junta sin acordar medida alguna. El general Caravedo expuso entonces al ministro Ureta que ya no esperaba al día siguiente para marcharse y que lo iba a verificar en el acto; algunos jefes que penetraron las intenciones de este general, le indicaron que estaban decididos a acompañarlo. El Sr. Ureta pretendió borrar esta resolución: expuso al general que el *remedio era más pernicioso que el mal*; que la disolución del ejército sería entonces inevitable, y terminó suplicándole que retardase su marcha por un día más; que él y el mariscal San Román emplearían toda su influencia para persuadir al Libertador a que se moviera. La eficacia de estos señores produjo, en verdad, buen efecto, porque el mariscal San Román buscó, a las tres de la mañana, al general Caravedo para decirle que a fuer de paciencia y de *ruegos hasta la humillación*, había conseguido que el Libertador se resolviera a moverse; y que hiciera desfilar los cuerpos en dirección a La Palma.

Principiaron a llegar a este punto los batallones y a formar en columnas agrupadas, por la estrechez del terreno, en el potrero situado a retaguardia de la casa.

Desfilaba aún el batallón Motoni, cuando una recia e inesperada descarga anunció el ataque del enemigo sobre la columna de Izcuchaca. De suponer es la grande sorpresa que este hecho causara en un ejército que se encontraba en desorden y, por lo mismo, no dispuesto para un combate decisivo. Cierto es que el general Castilla se presentó en el acto en el lugar de los fuegos, pero no lo es menos que no dejó orden alguna a sus generales. Siguieron al Libertador el gran mariscal San Román con la división del general La Puerta y uno o dos cuerpos más. El choque se hizo formidable enfrente de la casa de la hacienda: allí permaneció el Libertador hasta el último momento del combate, pero inactivo, confuso y sin dar orden de ninguna clase. Díganlo si no los jefes que estuvieron cerca de él. La mayor parte del ejército quedó, por lo mismo, a cargo del general Caravedo, a quien un cuarto de hora después de encendida la pelea se unió el mariscal ya herido. Estos dos jefes fueron haciendo entrar en lucha a los diferentes cuerpos que estaban en columna en el potrero, según las circunstancias lo iban exigiendo y sin que para ello recibieran orden del director del combate; suponemos que no existirá inconveniente para que se nos crea, desde que es un hecho harto notorio que el jefe de E. M. G., coronel D. Julio Montes, murió desde los primeros tiros, y que todos los ayudantes de campo del general Castilla fueron dados de baja por haberlo abandonado durante la batalla.

No es por nadie ignorado el modo como principió el choque: es sabido que todo el ejército del general Echenique se movió al mismo tiempo que el libertador con el objeto de atacar a este, debiendo el general Pezet iniciar la pelea por la derecha enemiga; llegado este general al punto que esta ocupaba, no encontró a nadie y, lejos de hacer alto con sus fuerzas y de dar parte a su general en jefe para combinar un nuevo plan de ataque, se lanzó en persecución del enemigo y rompió los fuegos en el acto de encontrarlo.

En la confusión y sorpresa de un inesperado y fuerte ataque, desertaron del campo cerca de mil soldados con sus jefes y oficiales que emprendieron la carrera hasta Cieneguilla, y se incendió la dotación de dos piezas de artillería. En medio de estas circunstancias tan desfavorables y suficientes para un contraste inevitable, existían como elementos de salvación la pericia del general en jefe y sus acertadas disposiciones, o el favor de la Providencia.

Quisiéramos que se nos dijera en qué historia militar se limitaron las funciones del primer capitán de un ejército a ser un mero y mudo testigo del combate; cual pudiera haber sido el resultado de uno en que el general en jefe dejase abandonado su ejército a las órdenes de sus tenientes, si estos, poco alentados, hubieran temido la responsabilidad en que pudieran hacerlos incurrir sus propias determinaciones. Las glorias son del jefe que preside una campaña y que dirige también la batalla que la termina, porque se supone que ese jefe, sereno y apto en los momentos decisivos, ordena las maniobras, las combina y las hace ejecutar de una manera conveniente; porque general en jefe es el hombre que gobierna a sus tropas, las sitúa, las hace entrar en lucha, fortifica los puntos de su línea que se debilitan, ordena los ataques sobre los puntos enemigos, es, en fin, en esos momentos el dueño de los destinos de los que le obedecen y la inteligencia a la cual todas las demás se subordinan. Pero cuando ese hombre permanece firme en un puesto de donde, aunque corra peligro su persona, abandona a los acontecimientos al resto de su ejército; cuando mudo por el terror pierde el uso de su razón, sin dar giro a los sucesos ni aprovechar los innumerables incidentes que se presentan en un campo durante el fragor de la pelea, ¿qué es ese hombre? ¿Qué funciones desempeña? ¿En qué manifiesta su valor ni ostenta su pericia? ¿Qué títulos tiene a la gloria? ¿Qué le toca de los laureles conseguidos por su ejército?

Ese hombre es nada más que una estatua, una máquina que no da señales de vida sino por el movimiento convulsivo que le imprime el miedo; es un ser lanzado por el deseo de ostentar valor en el lugar del peligro y enclavado en ese lugar porque el estupor le privó de toda acción.

Las glorias que elevaron hasta el rango de héroes a los capitanes de todo tiempo consistieron en sus hábiles y científicas maniobras, acompañadas de esas altas pruebas de arrojo dadas para estímulo de sus subordinados y para salvar inminentes peligros; si el gran Napoleón hubiera limitado sus proezas a ocupar la primera fila de los combatientes y a permanecer en ella como el gran Castilla, no hubiera alcanzado el nombre de *águila*, hubiera sido solo un *cuervo* como el Libertador. El valor de este gran capitán es el valor del soldado raso que consiste en no abandonar su puesto. Pero el valor del general, ese valor complejo de serenidad, actividad, energía y desprecio del peligro, es cualidad que el Libertador no alcanzó nunca y que no alcanzará jamás. Cierto es que la Providencia no lo hizo nacer para llegar a grande hombre en otro país que no fuera el Perú.

La victoria de La Palma se ha debido, pues, al desacierto de uno de los tenientes del general Echenique, a la lentitud de las maniobras de este, a la decisión del ejército libertador y, sobre todo, al favor de la *Providencia*. Castilla sin su buena fortuna hubiera sido derrotado; la historia de su campaña hubiera sido su proceso de acusación; su derrota y la execración de los pueblos, su sentencia; pero en el libro de los destinos estaba dispuesto que cayera el gobierno de Echenique y cayó mediante un combate en que las probabilidades no eran para su adversario muy lisonjeras. Castilla terminó su campaña sin saber cómo: triunfó sin saber por qué.

Tan cierto es lo que acabábamos de exponer, que ni el general Castilla como general en jefe, ni su jefe de E.M. G. han podido dar el parte de la batalla. Al verificarlo hubieran tenido la necesidad de confesar que ella terminó sin que él diera una sola orden, lo cual menoscabaría su *alta reputación* como director de la guerra; así como la de hacer honrosa mención de sus tenientes, lo que el orgullo y vanidad no le hubieran jamás permitido. En este ligero escrito parece suficientemente probado: 1.° que los movimientos de la campaña jamás nacieron de las combinaciones y planes del general Castilla, y que todos y cada uno de ellos fueron motivados por circunstancias del momento o por instigaciones ajenas; 2.° que por la mala ejecución de las maniobras, de las cuales es responsable el que las dirige, y por los varios peligros en que el ejército se encontró de fracasar, sin más causa que la pertinacia e indocilidad del general en jefe, ha habido más de un motivo para formular, en su contra, la acusación de traidor a la causa que lo eligiera por caudillo. Mal que pese al Libertador y a su panegirista[51], la verdad, y nada más que la verdad es la que hemos escrito; y del cúmulo de verdades que nuestra narración contiene, deducirán sin esfuerzo los sensatos, que el general Castilla, desnudo de toda dote de aquellas en que abundaron los héroes, se ve hoy disfrutando de esa gloria efímera que concede, aunque no para siempre, LA FORTUNA.

---

51 Es posible que se refiera a Manuel Vicente Villarán, fiscal que dedica a Ramón Castilla un poema épico llamado *Victoria de La Palma* (1856). Manuel Atanasio Fuentes publica, en 1858, una edición anotada del poema en la que critica su calidad literaria e ironiza sobre el elogio a Castilla.

Entrada triunfal a Lima, el 5 de Enero de 1855.

XIV.

La victoria del general Castilla fue festejada en Lima de una manera impropia del triunfo de la *moralidad* y de la *libertad*. A las voces de *¡Viva el Libertador! ¡Muera Echenique!* lanzadas por pandillas de plebe desenfrenada, se cometieron todo género de violencias: ebrio el populacho y armado de armas de fuego, no estaba segura la vida de las personas señaladas como echeniquistas. Los generales y jefes derrotados habían buscado asilo en las legaciones extranjeras y hubo conatos de invadir algunas y, entre ellas, la de S. M. B.[52] para extraer de allí al general Echenique. Por otra parte, se cometían robos y saqueos; varias casas fueron acometidas y taladas y la preciosa quinta de La Victoria[53], propiedad del presidente caído, fue arrasada, sacándose de ella muchísimas especies de valor. Las oficinas nacionales no estuvieron libres del pillaje y los muebles de palacio fueron también presa de la plebe desbordada.

Todo esto sucedía estando ya el ejército triunfante en la plaza mayor de la capital y el general Castilla en su casa. Los vencidos eran reputados como fieras y fueran como tales tratados sino hubieran puesto a cubierto sus personas.

Era, pues, ya el general Castilla dueño del mando; la revolución de que fue caudillo había triunfado; a su patriotismo se confiaba la conducción de la república por el camino de la moralidad, de la libertad y del progreso. El general Castilla había dicho, en 1844, *¡arriba la Constitución!, ¡abajo la dictadura!*; en 1854 decía, *¡abajo la Constitución, arriba la dictadura!*

---

52 Su Majestad Británica. Echenique se refugió en la casa del encargado de negocios del Reino Unido.

53 Quinta donde tiene lugar la esplendorosa fiesta de 1853 organizada por Victoria Tristán, esposa de Echenique. Ricardo Palma describe esta fiesta en su tradición «El baile de La Victoria». En este texto, Palma incluso menciona —en clave humorística— que el derroche y la ostentación de aquella ocasión desencadenó la guerra civil de 1854.

CONSTITUCION
1839
DICTADURA 1854
DICTADURA 1844
CONSTITUCION 1839

Veamos ahora, trayendo a la memoria los hechos, la manera cómo este camaleón político que cambia de principios según las instigaciones de su ambición, ha llenado los fines revolucionarios; veamos cómo ha correspondido a la confianza pública; veamos, en fin, cuáles han sido los resultados del derramamiento de la sangre de CUATRO MIL PERUANOS, y de la INVERSIÓN DE CATORCE MILLONES DE PESOS.

Pero antes de entrar en la reseña de los actos gubernativos del general Castilla, examinemos el programa revolucionario.

Acusábase el gobierno del general Echenique de gobierno de partido, *inmoral, arbitrario, dilapidador, corruptor y poco celoso de la honra nacional*, por no haber hecho la guerra a Bolivia, cuyo gabinete había inferido una injuria al Perú: por lo mismo, los fines de la revolución eran hacer la fusión de todos los partidos, restablecer la moralidad, afianzar el imperio de las leyes y el respeto de las libertades públicas, administrar con toda economía y pureza las rentas nacionales, respetar la honradez y reprimir el vicio; vengar la injuria recibida, realizando la guerra a Bolivia.

Examinemos cómo ha llenado Castilla cada una de estas exigencias que fueron para los pueblos de importancia tal, que los obligara a romper el curso de los pocos años de paz de que hasta el 54 disfrutaran.

Así como la campaña *constitucional* dio principio con el decreto de *guerra a muerte* de que hemos oportunamente hablado, así la campaña *dictatorial libertadora* lo tuvo con el mucho más célebre decreto de *Acobamba*. Señalose en ese decreto el término de cuarenta días para que todos los individuos del ejército abandonasen las filas del gobierno para engrosar las de la revolución, conminando con la destitución de sus clases y honores y renta, no solo a los que no desertaran, sino a los que permanecieran inactivos; esta pena se hizo después extensiva a los empleados de todo ramo y categoría. Creyose esta medida como una simple llamada a los traidores, pero el buen sentido rechazaba creer que ella fuera llevada a cabo después del triunfo de la revolución. Sin embargo, seis días después del de la batalla de La Palma, el Dr. Ureta, ministro universal y jefe de E. M. G., se apresuró a realizar los efectos de ese incalificable decreto; se declararon dados de baja del ejército a todos los leales soldados que prefirieron la derrota a la infamia y a la traición y se publicaron listas que honran a los destituidos como deshonran a los que no ven en ellas sus nombres, a pesar de no haber prestado activo servicio a la revolución y que recibían durante ella renta del gobierno. Ensañado el vencedor contra los vencidos y aun contra los indiferentes, no solo privó a unos y otros de sus clases y honores ganados con largos años de buenos servicios, sino que para escarnio de la moralidad misma y aun de la humanidad, se exhumaron de los sepulcros cadáveres de militares respetables para injuriarlos y escupirlos; se dio de baja, apurando la poesía del odio, hasta los muertos, y entre ellos a un general cuyo cuerpo estaba marcado de muchas y gloriosas cicatrices, resultado de otras tantas heridas recibidas por dar al Perú independencia[54]. El modo de hacer la *fusión de los partidos* fue, pues, tirar una negra y espesa línea divisoria entre vencedores y vencidos; el modo de restablecer la *moralidad* fue castigar a los leales y premiar a los traidores. ¿Y quiénes fueron los que así desconocieron los méritos de los vencidos

---

54 Probablemente se refiere a Trinidad Morán, prócer de la independencia peruana que, luego de su derrota ante el ejército revolucionario, fue fusilado por orden de Domingo Elías y, ya muerto, dado de baja de la lista militar por obra de Castilla, según comenta Rubén Vargas Ugarte en su biografía sobre el mariscal.

y les arrancaron los que la patria les diera en premio de ellos? El más ruin de los soldados y el más menguado de los políticos. Uno que siempre fue traidor y un pigmeo con ínfulas de gigante.

Lo más particular es que los dados de baja fueron esos mismos militares por quienes Castilla había dicho en su mensaje de 1850:

«Estoy muy satisfecho de las virtudes cívicas y militares de los defensores del Estado de mar y tierra, cuya *lealtad* ha ofrecido al gobierno el más seguro abrigo en las varias tempestades que han entoldado nuestro horizonte».

Y en el de 1851:

«El ejército continúa correspondiendo a la confianza pública. Penetrado de su noble misión, exacto observador de la disciplina, *fiel a sus juramentos*, moderado en su conducta, a nadie inspira recelos, porque lejos de *interesarse o mezclarse en aquello que no debe* solo se le encuentra dispuesto a dirigirse hacia donde lo llamen el honor y las obligaciones propias del soldado».

Ya hemos dicho que Castilla obtuvo la primera vez el mando a consecuencia de su triunfo en el Carmen Alto; general en jefe del ejército y más tarde presidente de la república, ese ejército fue formado al principio y después arreglado por él mismo; veamos lo que dijo en su mensaje del 50 sobre este arreglo:

«Yo no podía excluir al ejército de la política que me había propuesto tener por guía en todos los actos de mi administración; y con arreglo a ella organicé la fuerza permanente empleando a todos los militares útiles del

Perú, sin *averiguar las banderas bajo que habían militado durante las últimas discordias»*.

Finalmente, en la proclama que el mismo Castilla dirigió a las tropas el día que entregó el mando al general Echenique, les dice entre otras cosas: «Soldados: obedeced y sostened al nuevo gobernante hasta el último día de su periodo constitucional».

¿Y cómo puede conciliarse la última conducta de Castilla con los individuos de ese ejército que fue el que a él lo sostuvo, y el mismo que puso bajo las órdenes de su sucesor?

Esos soldados fueron *leales* mientras sostuvieron a Castilla, presidente constitucional, y no lo fueron cuando prestaron igual servicio a otro presidente también constitucional.

Sirvieron de abrigo a las *tempestades* cuando se negaron a tomar parte en las muchas conspiraciones fraguadas contra Castilla, y no debían después abrigar al nuevo gobierno, porque era Castilla quien traía la tempestad.

El ejército merecía la confianza pública mientras fue Castilla presidente; después, mereció la desconfianza pública, porque ya Castilla no confiaba en él.

Era exacto observador de la disciplina, mientras no se defeccionó de Castilla para derribarlo, y no observaba la disciplina, porque no se defeccionó contra el general Echenique.

Era fiel a sus juramentos porque respetó el principio constitucional que dispone que la fuerza pública es esencialmente obediente y no puede deliberar, y porque no infringió el principio, en obsequio a Castilla, se hizo infiel a esos juramentos.

Tuvo honor y llenó sus obligaciones cuando por ese honor sostuvo a Castilla, y lo perdió cuando no quiso deshonrarse.

Además, el que luchando por la Constitución contra la dictadura no *averiguó la bandera* a que habían pertenecido los militares útiles del Perú, no solo *averiguó*, sino que les hizo un sudario fúnebre con la misma bandera, a los que habían seguido la de la Constitución y las leyes.

¿Se han ofrecido alguna vez anomalías semejantes en la historia de los pueblos? ¿Se han visto hombres tan inconsecuentes como Castilla entre los que figuran, en un país, en primera línea? Para este hombre la lealtad consiste en prestarle servicios; la traición, en no plegarse a sus traiciones. El que sostiene a un gobierno que no sea el suyo, no es patriota; porque lealtad, patriotismo, ley, Constitución, patria, libertad, todo se reasume en él: así es que, en el altar de las instituciones, deben colocarse sobre la Constitución y sobre el símbolo del honor nacional las botas de ese hombre, como los únicos objetos del culto y veneración de los peruanos.

Los Convencionales convienen en adorar la bota.

Levantose por los revolucionarios el grito hasta los cielos porque el gobierno del general Echenique no se apresurara a vengar la ofensa que el de Belzu le infiriera, expulsando con violencia del territorio boliviano al agente diplomático y al cónsul del Perú. La voz de guerra a Bolivia, dada en Arequipa, encontró eco en las más recónditas aldeas y su realización, sobre la cual nos abstenemos de emitir nuestro juicio, se convirtió en un deber imperioso para el caudillo de la revolución. ¿Pero se pararía este en llenar o no este deber, luego que la revolución triunfara? Harto lo conocemos ya para sospechar que este u otro motivo fueran obstáculos que lo contuvieran en el camino que su desmedida ambición le trazara. Recientemente ocurridos los sucesos que excitaron la patriótica susceptibilidad peruana y le hicieron ver como una necesidad nacional la guerra con Bolivia, el general Castilla ofició al gobierno ofreciendo su brazo y su espada para contribuir a ella, pero este rasgo aparente de patriotismo fue dado al mismo tiempo que, en amistosa e íntima comunicación con el general Belzu, le decía que no hiciera aprestos de ninguna clase, ni aumentase con un solo hombre el número de sus soldados. Eso hacía decir a Belzu, que su ejército y sus medios de resistencia a la invasión peruana estaban en su cartera[55].

Como el ejército libertador tuviese, en sus primeros días de formado, escasez de armamento y de municiones, se recurrió por ellas a Bolivia, dando a este paso cierta apariencia de negociación particular, sin que ella baste a destruir la exposición hecha por el gabinete boliviano al

---

55 En 1854, se publica anónimamente en Chongos (presumiblemente, el distrito de Chongos Alto o el distrito de Chongos Bajo, ubicados en Junín) un texto titulado *Traición del jeneral Castilla descubierta por su cómplice el jeneral Belzú y ratificada por el mismo Castilla y su secretario jeneral*. El texto tiene un estilo confrontacional e hiperbólico similar al de Manuel Atanasio Fuentes, en él se denuncia la actitud cómplice de Castilla con el general Belzu.

cuerpo diplomático sobre la prestación de tales elementos de guerra. Pero aun cuando esta no haya sido cierta, no por eso se atenúa la traición cometida por Castilla a la causa revolucionaria, sin explicaciones diplomáticas de ningún género, sin que se anudasen las relaciones de ambos pueblos por los medios que enseña el derecho internacional, vigentes los motivos de agravio entre las repúblicas, el general Castilla, al otro día de vencedor, da parte de su triunfo al gobierno de Bolivia y le asegura que ese mismo triunfo es una prenda segura de la paz inalterable y de la armonía perfecta entre los dos Estados. Castilla, que no tiene idea de lo que se llama honor nacional, juzgó que la ofensa hecha a los representantes del Perú era personal hacia su antecesor y, caído este, creyó que la humillación del Perú no valía la pena de llamar la atención del nuevo gobernante.

Uno de los motivos de constante desavenencia entre el Perú y Bolivia es la amonedación y circulación de moneda de mala ley con que plaga los mercados del sur del Perú: el daño que el Perú experimenta y las dificultades que ha de ofrecer la conversión de esa moneda en otra nacional de buena ley, daban mérito para hacer al gobierno de Bolivia serias reclamaciones, tanto porque la moneda daña notablemente los intereses de los ciudadanos del Perú, cuanto porque su fabricación y emisión produce infracción de los tratados vigentes. El mismo Castilla pareció en un tiempo no ser indiferente a estos males, pues dijo en su mensaje del 51:

«Cuidamos de que sea religiosamente cumplido, y se cumple así en efecto por nuestra parte, el reciente tratado de amistad y comercio con Bolivia: y como tenemos derecho a que todas las condiciones en él ajustadas se guarden, respecto del Perú, con la misma observancia, se han entablado reclamaciones por medio de nuestro agente diplomático sobre puntos muy importantes, relativos a la *moneda feble o deficiente en peso y ley, cuya emisión quedó enteramente prohibida por estipulación expresa»*.

Sin embargo, una de las primeras medidas del ministerio creado por Castilla fue decretar la circulación de la moneda boliviana de nuevo cuño, que se hallaba suspendida por disposición del general Echenique.

Si todas estas razones no bastaran para suponer que Castilla no pensó nunca en hacer la guerra a Bolivia y que aceptó la idea popular de su necesidad solo porque se recriminaba al gobierno, serviría de complemento a ellas el célebre oficio dirigido por don Francisco Quiroz, ministro de Relaciones Exteriores, no del Perú, sino de Castilla, al ministro de igual ramo de Bolivia, cuando este solicitó licencia del gobierno para que Belzu atravesase con escolta armada el territorio peruano hasta el puerto de Arica, en donde debía embarcarse con destino a Europa.

En ese oficio dice Quiroz que siente que la comunicación a que contestaba hubiese llegado con tal retraso a sus manos, que no le diera tiempo para preparar alojamiento digno al *ilustre* huésped a quien tan *alto aprecio dispensaban S. E. el Libertador* y la *nación entera*.

De estas palabras se deduce que, así como el ejército está obligado a seguir los principios de lealtad y fidelidad que Castilla quiera infundirle, así la nación debe participar de sus afectos y sus odios; y que al aceptar ese jefe el programa que le trazó la revolución, sin intención de cumplirlo en uno de sus principales puntos, que era el de hacer la guerra a Bolivia, ha hecho traición a la causa que lo eligió por caudillo.

Poco tiempo antes del triunfo de la revolución, expidió el general Echenique un decreto llamando a los esclavos a las filas, bajo la promesa de hacerlos libres después de dos años de servicio militar. Esta medida, a nuestro parecer, sin objeto, desde que el ejército no era inferior ni en número, ni en calidad, ni en disciplina al revolucionario, no pudo menos de ser mal recibida por el pueblo, porque cualquiera que conozca el Perú, estará penetrado de la escasez de hombres contraídos al trabajo de los campos y de la carestía de jornales. Sin embargo, la idea de libertad, después del servicio de dos años, no halagó mucho a los esclavos, así es que solo se presentó un pequeño número. Cuando la noticia de este decreto llegó a oídos del general Castilla, expidió él otro dando libertad a todos los esclavos de la república, lisamente y sin condición alguna, comprometiéndose a pagar su importe a los amos y, pocos días después de La Palma, se fijaron copias de este decreto en las esquinas de las calles, para que en un mismo día desapareciesen los sirvientes domésticos y los trabajadores de los fundos rústicos. El desborde de los manumisos fue grande; muchos los excesos que cometieron; algunas las insolencias que tuvieron con los que fueron sus amos; pero dicho sea en obsequio de la verdad y en pro de la buena índole de los que dejaron de ser esclavos, ni ese desborde, ni los excesos, ni las insolencias fueron tales como debía esperarse de hombres nacidos y creados en la humillación, en la ignorancia y en la opresión, y que de uno a otro momento se encontraban dueños de sus acciones y autorizados ampliamente por el gobierno para dar pábulo a todas sus malévolas inclinaciones[56].

---

56 En sus artículos de 1855 llamados «¡¡¡Viva la libertad!!!», publicados en *El Murciélago* y recopilados en *Aletazos del Murciélago* (1866), Fuentes ironiza sobre el comportamiento reprobable de los manumisos. De aquí sale su popular frase: «¡¡Oh, qué libertad tan negra!!».

Pero entremos a discurrir ligeramente sobre la naturaleza de la medida, del modo empleado para su realización y del gravamen echado sobre los fondos nacionales.

La existencia de la esclavatura es tan incoherente con la idea de república, que aquella no podía conservarse en el Perú sino como un resto de barbarie y como el ultraje más ofensivo hecho a la religión, a la humanidad y a la democracia. El hombre sale libre de las manos de Dios y no existe ni puede existir derecho alguno para privarlo de su más preciosa facultad: quitarle el derecho de ser dueño de su persona y acciones, convertirlo en mero autómata, ahogar con el azote aun la plegaria que le arrancara el sentimiento de su constante malestar, condenarlo a él y a su prole a perpetuo embrutecimiento para ejercer mejor el ominoso poder de mandarlo según el capricho de señor, es nada menos que rebelarse contra la obra de Dios y escarnecer la especie humana ejerciendo el hermano sobre el hermano actos de despotismo y de barbarie. La libertad de los esclavos era, pues, un verdadero paso hacia la república; una muestra de respeto a los derechos de la humanidad; la realización de una de las ideas del siglo[57], ¿pero fue así comprendida por el Libertador? No, él había gobernado seis años en paz y jamás le ocurrió la idea de abolir la esclavatura. La realización de tal idea nació de la de dar popularidad a la causa y para tener siempre un número de adeptos con los cuales podía contar para perpetuarse en el poder, desde que ellos en su ignorancia, no pudiendo divisar el verdadero origen de su libertad, debían atribuirlo a la mano benefactora del general Castilla.

---

57 En el ya mencionado artículo «¡Esto sí que tiene gracia!», de 1855, Fuentes expresa la misma conclusión.

El pago del valor de los manumisos abrió otra consolidación tan perniciosa y de iguales resultados a la de la deuda interna que tan abundante material ha dado a los revolucionarios para declamar contra el gobierno del general Echenique, y de la cual nos ocupamos oportunamente. Las primeras cuestiones que nacen del decreto sobre esclavatura son: ¿Hay derecho en los amos para ser indemnizados del valor de esos que decían sus esclavos? ¿En caso de haberlo, la indemnización ha debido ser parcial, o anterior al acto de la manumisión e íntegra? Tocaremos ligeramente estas cuestiones.

Los que se suponían esclavos en el Perú pueden colocarse en tres clases: esclavos propiamente dichos, existentes desde la época anterior a la independencia; libertos conforme al decreto protectoral expedido por el general don José de San Martín el año de 1821; libertos conforme a la ley dada por el congreso de Huancayo de 1839.

El decreto de San Martín declaró a los hijos de los esclavos libertos sujetos al patronato de los amos de sus padres hasta la edad de 25 años, y el congreso de Huancayo, en vez de manifestarse más liberal y humano haciendo más fácil la consecución de la libertad, prorrogó a 50 años los del patronato, imponiendo a los patrones la obligación de alimentar, educar y dar cuatro pesos mensuales a los libertos. Si se hubiera hecho una regulación exacta de los que se encontraban en cada una de las tres clases que hemos apuntado, el resultado hubiera sido encontrar una mayoría que, en los dieciséis años corridos desde la ley de Huancayo, debían haber recibido la suma de 768 pesos, de los que aun en el caso hipotético de habérseles dado algo, resultaría un fuerte sobrante contra los patrones. Los verdaderos esclavos eran por lo mismo poquísimos y tan viejos que no podían ser apreciados en 300 pesos cada uno.

En vez de los seis o siete millones que la operación ha importado, no se hubiera empleado sino seis o setecientos mil pesos a lo sumo, no pagando sino esclavos y el valor que a su edad y estado de vigor correspondiera.

El tiempo necesario para esta regulación habría bastado, por otra parte, para que los hacendados, apercibidos oportunamente de que iban a ser privados de sus trabajadores, hubieran pensado o en los medios de sustituirlos o en hacer cómodos arreglos con ellos. De semejante modo se había cumplido con la justicia, contra cuyas disposiciones aparecían esclavos los que en realidad no lo eran; con los principios de economía no haciendo recaer sobre la nación una ingente suma que no tenía obligación de pagar; con el fomento a la agricultura no privándola de brazos instantáneamente; y con el orden social y tranquilidad pública, dando con tiempo un bien meditado reglamento al que quedara sujeta esa parte de nuevos ciudadanos lanzada de pronto a vivir en el ocio y en el vicio.

Tratemos ahora el asunto por el lado opuesto: hagamos abstracción de esas disposiciones patrias que redujeron a escasísimo número los esclavos en la república, convengamos en que lo eran todos los que como tales aparecían. ¿Con qué derecho atacó el Libertador la propiedad particular? ¿Por qué decreto la expropiación forzada sin la indemnización previa recomendada por la Constitución del Estado? Se dirá que la Constitución no regía porque la dictadura la había ahogado; pero estaban vigentes los códigos que señalan el modo y forma de proceder en la expropiación y, cuando los códigos también callaran porque así lo quisiera el dictador, estaban allí los principios de la justicia universal y eterna, más fuertes y poderosos que la voluntad de todo hombre. Antes de privar a un particular de lo suyo, se le paga; y al privar a muchos no se prefiere a los unos postergando a los otros y no se paga a unos pocos para dejar insolutos a otros muchos. En los expedientes de manumisión se han cometido los fraudes y falsificaciones que no dejarán nunca de cometerse en el Perú a consecuencia de esas disposiciones gubernativas y legislativas tan poco meditadas y que por sí mismas convidan al abuso a los que no profesan una severísima moral.

El decreto sobre abolición de esclavatura no ha sido, pues, justo ni en las disposiciones que contiene, ni mucho menos en el modo de realizarlas; ha sido perjudicial a los que fueron amos, por la violencia: perjudicial al fisco por el gravamen; inmoral, porque es inmoralidad reconocer una obligación y no cumplirla; la mayor parte de los que fueron amos están hoy insolutos.

Así como con el decreto que acabamos de analizarse quiso ganar popularidad entre los negros, así se quiso alcanzarla entre los indios aboliendo la contribución personal que estos pagaban y minorando las rentas naturales de la nación en un millón trescientos mil pesos al año. Esta contribución, conocida con el nombre de tributo, fue establecida desde el tiempo de los incas y gravaba sobre los indios poseedores de terrenos. Conservada por los conquistadores, pasó por varios arreglos y, por un principio de venganza, se recargó la pensión en aquellos pueblos que se manifestaron más hostiles a los españoles.

Los indios no eran en los primitivos tiempos sino meros usufructuarios de los terrenos, pero más tarde se hicieron por orden del rey repartimientos; se les dio derecho de propiedad, pero no de libre enajenación durante la vida, hasta que después entraron en todos los goces del dominio perfecto. Desde entonces el tributo debía considerarse como impuesto territorial, pero una serie de abusos largo tiempo no atendidos por la autoridad suprema y cada día más ensanchada por los funcionarios subalternos del Ejecutivo, vino a convertirse ese impuesto en gravamen sobre la cabeza del indígena, del que si lo exoneraba la ley antes y después de cierta edad, no lo exoneraba la codicia del subprefecto ni la hostilidad del recaudador.

Pero, si era injusto y monstruoso oprimir al indio solo porque nació tal, con el pago de una contribución personal, no ha sido menos libertarlo de la que todo ciudadano debe pagar en proporción al producto de una propiedad territorial; especialmente cuando se iba a ocasionar grave e irreparable quebranto en las rentas públicas. Irreparable, decimos, porque la riqueza del guano, precaria por su naturaleza y de próxima desaparición por las escandalosas dilapidaciones del gobierno, no llenará el vacío de los ingresos ordinarios sino por un tiempo que cada día se acelera a su terminación.

Si era justo y necesario arreglar el sistema de contribuciones de indígenas de tal manera que conciliara la igualdad y que correspondiera al origen de su establecimiento, no es ni ha podido serlo darle una exención efímera con el objeto de plegarlo a la causa revolucionaria y sacarle adelantado el pago de un semestre. Estos dos propósitos tuvo el decreto que abolió las contribuciones y, una vez conseguidos, el mismo general Castilla, sin poder ni facultades para ello, crea un nuevo sistema de impuestos, y lo crea cuando ya funcionaba la Representación Nacional, único cuerpo que en los gobiernos representativos tiene el poder de crear, modificar y suprimir los impuestos y contribuciones.

Estas resoluciones sobre destitución de los militares fieles al gobierno y sobre abolición de esclavitud y de tributo, fueron expedidas durante la campaña y produjeron, como acabamos de verlo, sus efectos poco tiempo después del triunfo; esos fueron los tres grandes golpes de Estado concebidos y realizados por las muy grandes cabezas de la revolución. Veamos si los actos posteriores del gobierno nacido en La Palma fueron conformes con las ideas de libertad, moralidad, pureza y justicia.

Como rasgo de *exquisita moralidad*, ordenó el ministro de gobierno que en todas las provincias se organizaran sumarios con el objeto de esclarecer los procedimientos de todos los desafectos a la causa revolucionaria. Cuáles pudieron ser los efectos de esta torpe resolución que abría la puerta a las venganzas, daba pábulo a los odios y autorizaba la denuncia, es fácil de suponerse y, gracias a la bondad del carácter nacional, no ocupó las cárceles la mitad de cada población.

Como prueba de *moralidad y de libertad* mantuvo el gobierno las cárceles de Lima llenas, por más de ocho meses, de jefes y oficiales vencidos, sin que hubieran cometido crimen alguno y sin atender a la subsistencia de esos hombres con tanto encarnizamiento perseguidos.

Como prueba de fina moralidad, se plagaron los escritos y documentos oficiales con las palabras de *ladrones, infames y traidores* prodigadas a todos los vencidos, sin señalar, a uno solo de ellos, un robo, una infamia o una traición.

Como prueba de *moralidad* se formó una junta revisora de expedientes consolidados ante la cual debían hacerse denuncias de las personas que hubieren cometido fraude en la consolidación, halagando a los denunciantes con la mitad de las sumas que sus revelaciones produjeren.

Como prueba de *moralidad* se mandó suspender el pago de los intereses de la deuda interna consolidada, bajo el pretexto de nulidad y falsedad de expedientes, como si de estos vicios fueran responsables los terceros y de buena fe poseedores de billetes.

Como prueba de *moralidad* se mandaron secuestrar los bienes de los caídos, sin comprobada responsabilidad de ninguno de ellos.

Como prueba de *moralidad* se ofició al gobernador del Callao para que impidiese el embarque de la señora doña Jesús de Rivas y para que se tomase una cajuela de onzas de oro y alhajas que llevaba consigo.

Como prueba de *moralidad* y de pureza se restituyó a D. Domingo Elías el carguío de guano de que había sido privado por causa de no cumplimiento en las condiciones del contrato.

Como prueba de *moralidad* se dio a este personaje medio millón de pesos sobrante de los gastos del carguío del guano, en el tiempo en que este no corrió bajo su responsabilidad.

Como prueba de *moralidad* declaró ese mismo personaje, ya ministro de Hacienda, puerto habilitado, para recibir en derechura buques guaneros, el de Pisco.

Como prueba de *moralidad* ese mismo ministro nombró, por algún tiempo, gobernador de las guaneras a su hijo D. Jesús.

Como prueba de *moralidad* los ministros Ureta, San Román y Elías conspiraban cada uno por su cuenta contra el general Castilla.

Como prueba de *moralidad* Elías y Ureta principiaron a hacerse una cruda guerra de palabra y de obra para lanzarse el uno al otro del gobierno, y quedar solos en actitud de conspirar.

Como prueba de *moralidad* fomentaba esos odios y rencillas el mismo presidente, hablado con el uno mal del otro.

Como prueba de *moralidad* publicó Ureta en odio a Elías un artículo en *El Comercio*, protestando que el único hombre digno de mandar al Perú era el general Castilla, al mismo tiempo que redoblaba sus trabajos de revolución aún entendiéndose con algunos emigrados.

Como prueba de *moralidad* y de *pureza* ha perdido al juego Ureta y pagado más de cien mil pesos y héchose partícipe en cuanta empresa ha podido.

Como prueba de *moralidad* y de *pureza* es rico el exministro D. Pedro Gálvez[58].

Como prueba de *moralidad* se ha querido comprar al editor de *El Heraldo*[59].

Como prueba de *moralidad*, en fin, está hoy Castilla entregado, como en el tiempo de su anterior gobierno, al juego, a las mujeres y a todos los vicios.

---

58 Pedro Gálvez Egúsquiza (1822-1872) fue un abogado y político peruano de pensamiento liberal. Se involucró directamente en la revolución de 1854 del lado de Castilla. Durante 1855, fue ministro de Justicia, Culto y Beneficencia, para luego pasar a integrar la Convención Nacional. Hermano de José Gálvez (1819-1866), político, abogado y héroe del combate de 2 de mayo.

59 *El Heraldo* fue un diario de gran formato que apareció en 1854, de marcada oposición al gobierno de Castilla.

Los abusos cometidos bajo el gobierno del general Echenique durante el tiempo que duró el reconocimiento y consolidación de la deuda interna, sirvieron de graves puntos de acusación contra ese gobierno. Pero si es cierto que tales abusos existieron, si es indudable que algunos empleados en las oficinas de hacienda hicieron un descarado comercio y especularon en expedientes, haciéndose pagar sus informes a caro precio, no lo es menos que la ley amplia y defectuosa abría ancha puerta al fraude. No hacemos la defensa del anterior gobierno porque muy vasta es la materia y porque nosotros no nos atreveríamos a absolverle, por su desentendencia con respecto a empleados cuya venalidad era notoria a la sociedad entera. ¿Pero quiénes fueron los que más declamaron contra la consolidación? ¿Quiénes los que de sus abusos quisieron sacar derechos para derrocar al gobierno? Preséntanse como los primeros D. Domingo Elías, el mismo que no ha negado ni desmentido el hecho que se le ha afrontado de haber pretendido el reconocimiento de un expediente de la Sra. Novoa en el cual tenía una parte. El general Castilla, cuya suegra y parientes reportaron las ventajas de la consolidación, vendiendo su influjo con el presidente; el mismo general Castilla que se reconoció a sí mismo los setenta mil pesos de Vidal, ya pagados en dinero; el Dr. Gálvez quien, por medio de escritura pública, celebró un contrato en el cual, por cierta suma, se obligaba a hacer reconocer un crédito.

¡Cuánta bulla se hizo sobre la consolidación! ¡Cuánto insulto se prodigó a todo el que se creyó consolidado! ¡Cuánta calumnia para explicar el modo como algunos consiguieron unos pesos en la consolidación! ¡Cuánta cantidad imaginaria adjudicada, con intención de dañar a personas que nada adquirieron entonces!

Y mientras tanto, ¿cuál ha sido la conducta de esos enemigos de la consolidación? Vamos a investigarla.

La revolución carecía en sus primeros tiempos de recursos pecuniarios y, para conseguirlos, se adoptaron dos partidos: pedir dinero a particulares otorgándoles recibo por doble suma y a más un interés sobre el total simulado, y expedir vales *titulados de la revolución*, vendidos al principio del 10 al 15 por ciento y más tarde hasta el 50. Con el triunfo de la causa se amortizaron los vales por su valor representativo y los otros créditos se cubrieron por el doble de su relegítima importancia, y sin más credencial que una simple firma de cualquiera de los caudillos de la revolución: esos informes expedientes han merecido entera fe del gobierno quien, sin ninguna clase de comprobantes ni de sustanciación, ha decretado el pago. Los expedientes de manumisión abrieron otra feria no menos provechosa para los especuladores, pero para que de una vez se conozca el odio del general Castilla a la consolidación, recuérdese que reconoció al Dr. D. Manuel Ortiz de Zevallos un crédito antiquísimo de los comprendidos en la suspensa ley de consolidación y que importaba treinta y seis mil pesos, sobre el ramo de arbitrios, sin más mérito para ello que ser este Sr. uno de sus compañeros de vigilia.

Lo cierto es que la consolidación de la deuda interna ascendió a 23 millones de pesos, los que, descontados los ocho millones reconocidos por el general Castilla y el perteneciente a la testamentaría del Libertador Simón Bolívar, quedan reducidos a quince millones papel, o seis millones de pesos; mientras tanto el general Castilla ha invertido en dieciséis meses de mando CATORCE MILLONES DE PESOS; seguro es que cerrada ya la consolidación y continuando el país en su marcha normal, el general Echenique no habría tenido en qué emplear esta suma a no ser en provecho y bien de los pueblos. La inversión de esa enorme cantidad ha producido por únicos frutos la pérdida de cuatro mil peruanos, la destrucción de las leyes, el destrozo de la Constitución, la dictadura brutal y la corrupción más completa. Pero todo eso importa nada. Castilla manda, y bien valen tantos sacrificios la gloria de vernos gobernados según la voluntad de tal personaje.

Las actas populares impusieron al *Libertador* la obligación de convocar, a los treinta días de pacificada la república, una asamblea constituyente a la cual debía dar cuenta de todos sus actos. Firme Castilla en su creencia de que en su persona se encerraba todo poder público y que ni esa asamblea podía ejercer facultades superiores a las suyas, hizo la convocatoria señalando como atribuciones de la Convención, *las de dar la nueva Constitución y las demás leyes que el Ejecutivo le propusiera*. Según los términos de esta convocatoria, el cuerpo legislativo y reorganizador no podía extender su acción más allá del círculo que el presidente provisorio le trazara. Esto parecerá extraño a los que conozcan la organización política de los estados republicanos, pero el grande hombre de la revolución, la inteligencia directora de la política, el Dr. Ureta, en una palabra, a quien se observó lo monstruoso de su decreto de convocatoria, dijo que en él se daban a la Convención más poderes que los legales; como si fuera el gobierno y no los pueblos los dueños de limitar o ensanchar esos poderes; como si fuera el Ejecutivo y no los pueblos los que iban a ser representados; como si el cuerpo a quien se encomendaba reformar las instituciones hubiera de normar sus procedimientos a la voluntad del funcionario cuyo ministerio se reduce a ser el mero cumplidor de las leyes.

Para que se realizara la reunión de la asamblea se expidió el decreto reglamentario de elecciones; mezquindad de ideas, incorrección de estilo, odio para los vencidos, fórmulas ridículas, intervención de la autoridad de los actos electivos, facultades en las mesas para burlar la intención del sufragante, tales son en conjunto las cualidades de esa obra que dejó tan satisfecho a su autor. Todos los hombres afectos al gobierno constitucional fueron excluidos en ese reglamento de la ciudadanía y privados por lo mismo de voz y voto en la elección; en cambio, de la mitad de los hombres decentes del Perú, ejercieron el derecho de elegir los negros libertos. Era preciso que todo en esa época guardase perfecta conformidad: el *Libertador* lo había sido de los negros; estos debían elegir a los diputados; y jamás un resultado ha correspondido mejor a sus causas, que la Convención a su origen.

Llegó el día en que la Convención Nacional empezara sus trabajos; hacia esa corporación había vuelto los ojos una parte del Perú, escandalizada de los manejos del general Castilla y de su gabinete. Como resultaran elegidos diputados muchos hombres sectarios de la revolución y a quienes se creía animados de verdadero patriotismo, quedaba todavía una esperanza en el corazón de algunos hombres. Pero esa esperanza fue burlada como hace tiempo lo son todas las que alimenta ese desgraciado país. El día en que la Convención tomaba vida, ese mismo día y en el momento mismo de su nacimiento fue humillada; consintió en su humillación y fue más tarde escarnecida con insolencia.

Aunque fuera cierto el falso supuesto de que Castilla hubiera recibido de los pueblos el poder de mandar la república y de mandarla dictatorialmente, es un hecho que, reunido el cuerpo representativo, aquel poder fenecía de derecho; porque siendo, según nuestras instituciones, los congresos cuerpos soberanos, es imposible la coexistencia de ellos con otros poderes igualmente absolutos: ellos se entrabarían recíprocamente en su marcha, se embarazarían en sus funciones y entrarían en serios conflictos con grave daño de la tranquilidad del Estado. Sin embargo, el presidente provisorio, adornado de las insignias del mando supremo, se presentó a leer su mensaje, mal urdida relación de los sucesos de la campaña; suprimió en ese documento la enumeración de sus actos despóticos y la cuenta de administración de los caudales públicos y, arrogándose facultades que no podía tener, terminó su lectura con estas palabras: «Queda instalada la Convención Nacional», retirándose sin manifestar la menor intención de despojarse de la precaria autoridad que le fue conferida y, antes bien, persuadido de que era tan dictador con la Convención como sin ella. ¿Y qué hizo entonces el cuerpo soberano? Sin fijarse, o aparentando no haberse fijado en el desprecio con que se la tratara, se apresuró a nombrar al mismo general Castilla presidente provisorio, sujeto a un estatuto que se le daría más tarde, fundándose en la necesidad de que existiese un gobierno. Forjado el estatuto, que no es sino la Constitución abatida pero bastante mutilada, se ofició al presidente provisorio para que se presentase a jurarle. Presentose, en efecto, y dijo a los legisladores que reputaba inútil *ese juramento pues ya había jurado ante los pueblos al encargarse del mando*. Resalta en estas palabras su arraigada idea de que su poder omnipotente emanaba de los pueblos y manifestase al mismo tiempo el desprecio con que recibiera el nombramiento de la Convención.

Impasible recibió esta el segundo ultraje y nada más necesitaba Castilla para tener a ese cuerpo sometido a sus caprichos y siendo el sostenedor de la dictadura. Pero esta prosternación no es como quiera; ella ha llegado hasta la infamia y el envilecimiento. La Convención creyó de justicia elevar al rango de general de división al de brigada D. Fermín Castillo, en premio de sus servicios durante la revolución, y pasada la ley al Ejecutivo hizo este oposición, no observaciones, porque ningunas fueron las razones que contra el ascenso expuso. La cámara permaneció inflexible y el gobierno más inflexible en sus odios, pasó un oficio a la Convención por conducto de su ministro de guerra, desconociendo en esto la facultad para haber concedido el grado y exponiendo que el presidente *dejaría antes el puesto que firmar los despachos al general Castillo*. Los términos de la nota fueron explícitos, claros, terminantes, fueron algo más: insolentes y altaneros; pero la Convención tuvo el candor de suponerlos oscuros e ininteligibles y pidió explicaciones sobre ellos al ministerio; arrepentido Castilla de haber dicho que dejaría el mando, el ministro dio por explicaciones nuevas ofensas dejando siempre en su ser la idea de incompetencia de la cámara; esta se dio por satisfecha con las explicaciones y el presidente, en esta vez como siempre, la llenó de asqueroso lodo.

El general Castilla que, de autoridad propia, abolió la contribución personal de indígenas con la simulada intención de aliviar la suerte de esa parte desvalida de los peruanos, creó también por sí mismo otro impuesto del cual no estaban exentos los indios. Algunos diputados liberales llamaron la atención de la cámara sobre esa disposición del Ejecutivo, ajena de sus facultades, y se expidió en consecuencia una ley mandando suspender los efectos de aquel decreto. El gobierno hizo observaciones a esa ley basándolas siempre en la incompetencia de la Convención para examinar o revocar los actos dictatoriales, y en la igualdad de poderes. La Asamblea parecía tomar en esta vez una actitud imponente, pero Castilla, para burlarse de ella, empezó también a trabajar por quitarse la máscara, disolver la cámara y ejercer sin traba alguna la dictadura. Sin valor, empero, por lanzar a balazos a los legisladores del lugar de las sesiones, llamó en su auxilio al hombre de las intriguillas, al Dr. Ureta, para que realizase su plan. Se acordó que en caso de aprobarse el dictamen de la comisión encargada de opinar sobre la nota de observaciones, se fraccionase la cámara contando para ello con los diputados serviles San Román, el fraile Valdivia y otros.

URETA
SANTA MARIA

El fraccionamiento tuvo lugar; la disolución de la Asamblea era ya un hecho de pronta realización, pero Castilla se intimidó de llevar adelante su propia obra y recurrió a la corrupción para que los partidos de la cámara se uniesen, pero eludiendo la discusión sobre el dictamen. Vendiéronse vil y bajamente algunos diputados por tres mil pesos que, en persona, fueron a cobrar de algunas casas de comercio; la fusión se hizo, se dio de mano el dictamen cuyo primer artículo estaba ya aprobado y la dictadura se convirtió desde luego en dictadura legal apoyada y sostenida por el cuerpo legislativo. La negra mancha de traidores que ha caído sobre la frente de esos diputados que vendieron su conciencia y que degradaron a su patria, será tan imperecedero como la gloria que alcanzaron los pocos diputados liberales, que firmes sostenedores de la dignidad de la cámara, manifestaron, en esa aciaga crisis, patriotismo y energía. Pero desgraciadamente esos buenos representantes eran débiles en número y fueron vencidos por la fuerza de los serviles: San Román, jefe de la pandilla desertora de la cámara, Ureta, director de San Román, ambos metidos cada cual en una de las botas del dictador, trabajaban al mismo tiempo en su propio provecho; ansiaban que el general Castilla diera el golpe de Estado para aprovecharse en el acto de la explosión pública que se creía lógico resultado de tal golpe. ¿Qué papel podía ya desempeñar la Convención después de los acontecimientos que acabamos de referir? Cuerpo sin vigor y sin voluntad; cuerpo vendido, cadáver legislativo, no es ya sino el humilde ayudante de Castilla en su carrera de arbitrariedades; así le ha concedido hoy facultades extraordinarias para que disponga de los hombres a su antojo; es decir, para que haga en virtud de esas facultades, lo que sin ellas ha hecho desde el 5 de enero de 1855.

Estos han sido los frutos preciosos de La Palma regada con sangre.

Ya puede calcularse por esta serie de hechos cuáles han sido las libertades públicas en el Perú. Libertad ha sido restablecer el pasaporte ya abolido para imponer al ciudadano la gabela del papel sellado y para impedir su salida del Perú o su traslación de uno a otro departamento.

Libertad ha sido encarcelar a los hombres y no someterlos a la acción judicial, manteniéndolos largos meses en encierro.

Libertad ha sido cerrar y sellar las imprentas y aprisionar a los editores y redactores de los diarios, y a algunos otros escritores públicos.

Libertad ha sido sacar presos a los escritores de unos departamentos para conducirlos a Lima.

Libertad ha sido, en fin, atacar todos los derechos concedidos por la naturaleza y por la sociedad, y condenar a los vencidos a la miseria y a una perdurable opresión.

XV.

RAMÓN CASTILLA. ¡Héroe de Ingavi, del Carmen Alto y de La Palma! Yo he bosquejado ligeramente los principales rasgos de la historia de este personaje: desde la cuna hasta al solio atravesó la vida ofreciendo al Perú ejemplos de prostitución, de cobardía y de infamia. Sin embargo, alcanzó el poder y una turba estúpida lo aclamó como el primer hombre de la patria. Cuando peleó por la Constitución lo titularon el *salvador de las instituciones*: cuando peleó contra la Constitución y contra las instituciones lo llamaron el *Libertador del Perú*; y ciertamente no sabemos qué cosa sea más admirable: si el cinismo de ese hombre para cambiar de principios y de convicciones cuantas veces el cambiamiento le conduzca al poder, o la facilidad con que los peruanos amoldan sus principios y convicciones a los que Castilla manifiesta.

Al recorrer los hechos que hemos apuntado se creerá que hemos puesto de nuestra parte la exageración que produce el odio personal o el espíritu de partido[60]; mientras tanto, no ha guiado nuestra pluma ni una ni otra pasión. Hemos narrado simplemente lo que tiene para nosotros el carácter de evidencia, ya por la uniformidad con que muchas personas nos han suministrado algunos datos, ya registrando documentos públicos y ya, en fin, refiriendo sucesos tan notorios como recientes. Pero ¿no es cierto que nuestra historia parece inverosímil? ¿No es cierto que es imposible encontrar un conjunto más completo de iniquidades y de vicios? Tal es, sin embargo, el hombre que hoy gobierna al Perú y el que conducirá ese desgraciado país hasta el más completo envilecimiento. Yo creo que he hecho un servicio a mi patria consagrando a la posteridad estos ligeros apuntes; ellos quizá estimularán el patriotismo de la generación venidera y la harán más cauta para no dar renombre y alta fama a seres nacidos para deshonra de la sociedad que tiene la desgracia de poseerlos. Más tarde, cuando la moralidad no sea un embuste, cuando las pasiones innobles hayan pasado, cuando venga la calma, cuando se trate del bien público, cuando haya un hombre que quiera gobernar por tener la gloria de hacer el bien, cuando se piense en que es necesario hacer del Perú una nación de hombres libres e ilustrados y no de esclavos ignorantes, cuando nos pongamos en el verdadero camino de la civilización, cuando

---

60 Alude al faccionalismo, común a lo largo del siglo XIX en el Perú, que descalificaba
   completamente a los adversarios políticos.

comprendamos lo que es patria, cuando rindamos culto a las leyes, cuando seamos religiosos y no licenciosos, cuando, en fin, haya sentimientos de honor y de justicia, los peruanos tendrán vergüenza de haber atravesado treinta y cinco años de revueltas continuadas y de haberse visto gobernados por hombres como Castilla. ¿Pero cuándo será esa feliz época? Desfallece el corazón al considerarla tan remota que no seamos nosotros, los hombres de la actualidad, los llamados a gozarla. El horizonte político, cada día más oscurecido, no anuncia para la patria sino borrascas y tormenta. La anarquía y el desorden avanzan a pasos de gigante; tienen aún que hacer víctimas y que sacar abundantes lágrimas. Es necesario que la tempestad próxima se desate con furor, ¡quién sabe si en pos de ella viene un tiempo de bonanza!

¿Qué respondería Castilla si las sombras de esos esforzados capitanes que vertieron su sangre en los gloriosos campos de Junín y Ayacucho; si los pocos que aún viven de esos venerables padres de la independencia, le preguntaran «¡SOLDADO DEL REY! ¿qué habéis hecho de la patria? ¿Por qué la habéis ensangrentado, saqueado y envilecido? ¡SOLDADO DEL REY! ¿Acaso expusimos nuestras vidas para daros en patrimonio un terreno que ganamos con el valor, con el arrojo y con las virtudes que nunca habéis tenido?»? A estas preguntas, que un hombre cuyo corazón fuera capaz de remordimientos, contestaría postrándose para invocar indulgencia por sus traiciones, respondería Castilla con su insolente arrogancia: *La patria soy yo*[61].

Y ciertamente así tiene derecho de creerlo quien, sin más título que una ciega protección de la fortuna, llegó a la altura que Castilla. Pero si hay, como no puede dudarse, una mano

---

61 Derivada de la frase apócrifa «L'État, c'est moi» (El Estado soy yo), atribuida a Luis XIV.

providencial que cuida del destino de los pueblos, tiemble el villano que abusó de su buena suerte para echar todo género de males sobre aquellos a quienes tocó gobernar.

Valparaíso, mayo 2 de 1856[62].

---

62 En esa fecha todavía no se había promulgado la Constitución de 1856, que ahondará el conflicto entre Castilla y la Convención Nacional.

www.ingramcontent.com/pod-product-compliance
Lightning Source LLC
LaVergne TN
LVHW041514170726

843492LV00005B/1506